中国因他们而改变

陶诗言传

陈正洪◎著

中国科学技术出版社
·北京·

图书在版编目（CIP）数据

陶诗言传 / 陈正洪著. -- 北京：中国科学技术出版社, 2025.4. --（中国因他们而改变）. -- ISBN 978-7-5236-1370-2

Ⅰ.K826.11

中国国家版本馆 CIP 数据核字第 2025UV4439 号

总 策 划	秦德继　宁方刚
策划编辑	周少敏　徐世新
责任编辑	何红哲
装帧设计	中文天地
责任校对	吕传新
责任印制	徐　飞

出　　版	中国科学技术出版社
发　　行	中国科学技术出版社有限公司
地　　址	北京市海淀区中关村南大街 16 号
邮　　编	100081
发行电话	010-62173865
传　　真	010-62173081
网　　址	http://www.cspbooks.com.cn

开　　本	787mm×1092mm　1/32
字　　数	95 千字
印　　张	5.75
版　　次	2025 年 4 月第 1 版
印　　次	2025 年 4 月第 1 次印刷
印　　刷	河北鑫兆源印刷有限公司
书　　号	ISBN 978-7-5236-1370-2 / K・476
定　　价	58.00 元

（凡购买本社图书，如有缺页、倒页、脱页者，本社销售中心负责调换）

陶诗言传

中央大学气象专业同学合影（左起：顾震潮、陶诗言、黄士松、陈其恭）

"联心"三主任合影（左起：曹恩爵、顾震潮、陶诗言）

1982年中美山地气象学会议参会人员合影（第一排右五为陶诗言）

陶诗言与夫人张志伦

1985年陶诗言参加中美季风研讨会时与美国海军研究院副院长 Shrady 合影

《1998夏季中国暴雨的形成机理与预报研究》封面

On the General Circulation over Eastern Asia (I)

Staff Members of the Section of Synoptic and Dynamic Meteorology, Institute of Geophysics and Meteorology, Academia Sinica, Peking

(Manuscript received June 5, 1957)

Abstract

A summary of synoptic and aerological studies of the circulation over the Far East is given. The mean field of motion in the lower troposphere is considered. Mean cross sections for winter and summer and for different latitudes are discussed. The last section contains a discussion of the seasonal variation of the circulation over the Far East.

During the last few years the aerological network in new China has had a very rapid development. The sounding stations increased from a few stations to more than 60, the pibal stations increased to more than 150 and the number of these stations is still increasing. This rapid development enabled us to make comparatively detailed studies on the general

陶诗言发表在 Tellus 上的文章

1994年亚洲季风及其变异国际研讨会参会人员合影（前排左七为陶诗言）

陶诗言在中国文化大学授予荣誉博士仪式上发言

陶诗言（左）与叶笃正在叶笃正九十华诞庆祝会上合影

第二次青藏高原试验专家组合影（前排居中者为陶诗言）

陶诗言（右二）与叶笃正在 1978 年全国科学大会上

目录

观察量雨的少年　014

中国第一批大气专业本科生　024

入职中央研究院气象研究所　032

五年预报员　046

经典之作：东亚大气环流的研究　064

中国卫星气象学的开拓者　076

学术高峰之中国暴雨研究　092

东亚季风：指引研究方向　112

国际大学者　122

提携后辈　桃李满天下　138

闲不住的晚年生活　162

本土成长的气象学一代宗师　172

观察量雨的少年

陶诗言的很多经历和个性品质，往往能在他的童年和故土中寻到踪迹，并且刻上一生的印记，难以磨灭。

出生于"陶之大户"

嘉兴是一座有着特殊文化底蕴的城市，嘉兴境内有一大批名人故居、纪念馆和陈列馆，正所谓自古人杰地灵、名人辈出。特别是文化名人在中国历史上占有重要地位，比如近现代有商务印书馆张元济，爱国民主人士沈钧儒，国学大师王国维，艺术家、教育家李叔同（弘一法师），文学巨匠茅盾，新月派诗人徐志摩，漫画宗师丰子恺，数学家陈省身等。1919年8月1日，陶诗言出生在浙江省嘉兴县一个知识分子家庭。陶诗言的家族在当地属于望族，祖上出过一些官员，做过最大的官是知府，家族最旺的时候是乾隆年间，在清朝嘉庆以前家族还很富有。太平天国运动后，其家族开始没落。不过陶诗言小时候，其家族相比周围居民还是比较富有的，因此得以受到良好的启蒙教育。陶家家教比较严，形成了良好的家风，这对陶诗言早期的成长起到了一定的熏陶作用。

陶诗言在嘉兴这样美丽灵秀的地方出生成长，度过了人生的最初阶段。家乡的熏陶和烙印一直伴随他一生，陶诗言小时候住的地方叫集街，如今已改成了嘉兴市宽阔的中山路，大路延伸段一直往西拓展，只需半个小时就可以直通水乡乌镇。

陶诗言儿童时期，陶家在嘉兴王江泾附近还有几百亩田地和几百间房子，被当地人称为"陶之大户"。陶诗言有兄弟姐妹六人，陶诗言排行老二。父亲陶传鼎在嘉兴当小学教师，他不甘心守着家产就此度过一生。1933年，陶传鼎的同学当时在国民政府里担任官职，他就跟着到了南京国民政府，在政府机关任公务员，收入比在嘉兴当小学教师高得多。1949年，中华人民共和国成立前夕，陶传鼎作为国民政府职员，不得不跟随国民党军队到达台湾。陶诗言的大哥和三弟已在1946年先行到达台湾，陶诗言和老四、老五、老六留在大陆照顾母亲。从此陶诗言与父亲和两个兄弟相望两岸，多年不曾联系。

陶传鼎生前从来不愿多麻烦人，按他的话说能不麻烦别人就不麻烦别人，比如90多岁还自己洗澡，不让儿子帮忙。这一点陶诗言很像他父亲，不愿给别人添麻烦。陶诗言的母亲是一位勤劳善良的家庭妇女，对人十分友善，跟邻里之间相处得非常好。陶家当时还有用人，她对用人很和善，仿佛一家人。正所谓善有善报，陶诗言的母亲在后来的"文化大革命"中没有受过冲击，当年所有的贫下中农没有说她不好的，她一直在嘉兴陶家的老家过着平平淡淡的生活。

在陶诗言小时候，街坊邻居就一致公认：陶家的人都非常聪明，特别善待别人，陶诗言的几个兄弟姐妹将来读书都没问题。正如邻居们慧眼所识，陶诗言的兄弟姐妹个个聪明好学，最后都学有所成。陶诗言的三弟外语非常好，中华人民共和国成立前曾在西南地区当过美军的翻译，还擅长财务结算；四弟是学经济的，曾在上海的一家公司任高级职员；五妹是上海的地下党员，后来在上海南洋一中当校长，中华人民共和国成立后曾任上海杨浦区教育局副局长；六弟曾任南京中央大学土木系教授。陶诗言的侄儿辈也都各有成就，这说明陶家有良好的家风和教育环境。

显然，父母和家庭对孩子的成长有着非常重要的潜移默化的熏陶作用，陶诗言的父亲为理想而奋斗的精神影响着陶诗言一生勤勉努力，陶诗言的母亲待人友善促使他总是能和周围的人保持着良好的人际关系。陶诗言就在这样一个平和温暖的大家庭中安静地度过了童年。1927年，八岁的陶诗言进入当地一所著名的小学读书。

快乐的足球中锋

陶诗言最初在集贤小学（今嘉兴市实验小学）读书。集贤小学原是王琬青女士在嘉兴城内道前街贞节祠首创的道前街女子小学堂，后先后改名为嘉兴县立第三小学、嘉兴县集贤小学、嘉秀镇第一中心国民学校等，中华人民共和国成立后更名为嘉兴建设中心小学，1987年被命名为嘉兴市实验小学。

当年的集贤小学非常重视体育活动，早在1915年12月，在庆祝建校十周年时，就举行过学校运动会，有18所小学参会。在1930年11月举行的全县第二次联合运动会上，集贤小学团体操获得冠军，小学女子甲组和女子乙组田径赛在分组中各获得第一名。在这样的氛围中，陶诗言得到了良好的运动熏陶。

陶诗言的父亲陶传鼎当时在嘉兴第二小学当教师，后来成为该校总务主任。陶诗言小学一年级在集贤小学学习并住校，1928年陶诗言从集贤小学转到父亲所在的嘉兴第二小学。陶诗言在集贤小学读书时间虽然不长，但他对学校却有很深的感情，这所小学百年校庆时，陶诗言还给学校写了一封热情洋溢的信。

少年时代的陶诗言聪颖好学，酷爱体育运动，曾是一位出色的足球中锋。陶家原先的房子后面是个足球场，陶诗言经常在那里踢球。陶诗言从小足球就踢得很好，这不仅陶冶了他的情操，还增强了他的体魄。不过玩得过多就会出现小问题，陶诗言小时候因过于贪玩足球惹了祸。他小学5年级时有一次踢足球，跟别的小朋友打了一架，对方的头被打破了一个小口，陶诗言被老师狠狠训斥了一顿。这大概是一生温文尔雅的陶诗言小时候为数不多的几次"战斗"之一。被老师训斥后陶诗言很后悔，从那以后他学习非常勤奋，成绩一直很好，再也没有跟别的同学发生过什么冲突。

在我国近代，嘉兴等地较早接受西方民主思想，因此，嘉兴的各级学校教育思想在当时比较先进。陶诗言小学不用再念"四书""五经"，一直接受的是现代西式教育。读到小学五年级，刚巧嘉兴一中办春季班，1932年1月，小学还没毕业的陶诗言就报考了嘉兴一中，结果跳级进入嘉兴一中初中部。

辗转求学

陶诗言中学期间的学习几乎都是在学校搬迁和动乱的社会背景下进行的，所以陶诗言对知识更加渴望，对学习机会更加珍惜，学习也更加认真，从而打下了扎实的知识基础。

1932年进入中学后，陶诗言放弃了所有爱好，发奋读书，一跃成为全校的优秀生。1933年，陶诗言的父亲陶传鼎到南京国民政府机关任公务员，全家都搬到南京，只有陶诗言一个人在嘉兴读中学，暑假才回到南京与父母团聚。

20世纪30年代的嘉兴还是一个很简陋的城市，那时发电比较少，所以路灯晚上只亮一会儿就会熄灭。陶诗言在嘉兴一中读书时，学校管理比较严格，平时不让学生随便出校门，只有周六下午有出校机会，如果学生想出校，必须跟训导员报告后才能出去，而且出校要拿个铭牌，到校门口经过门卫验看铭牌后才可以出去。嘉兴一中当时是西式教育模式，主要课程包括物理、化学等，这为陶诗言后来走上科学道路奠定了基础。由于嘉兴一中对陶诗言的一生影响很大，所以陶诗言对嘉兴一中十分感恩，心中充满了对任课老师的深厚感情。70多年后，当陶诗言翻看当年嘉兴一中任课老师的照片时，还能清晰地记得每位老师的姓名和所教的课程，也记得老师对自己的教诲。比如陶诗言清晰地记得他当时在嘉兴一中上学时的校长是张印通；还比如上初中一年级时，教生物的老师发现陶诗言的头发比较长，就跟陶诗言说，头发该理啦，总共说了三次，陶诗言才去理发。

不过经过生物老师教导,后来陶诗言头发一长,就自觉地去理发。

由于陶诗言学习用功,他的学习成绩往往都是80分以上,这在班上属于最好的成绩,每年都能拿到奖学金。陶诗言中学时并没有以后要做气象的想法,也没有什么远大理想,就是希望考取好的成绩。与气象相关的经历,就是曾经有一次观察雨量的经历。那时嘉兴还没有气象局,整个嘉兴地区也没有雨量站,就委托嘉兴一中看门的门房,下了雨量一量雨量。有一次陶诗言看到门房在量雨量,觉得很奇怪,就去问门房量这个干什么。想不到后来自己却念了气象,干了气象。这或许是他早年学习气象的一个端倪吧。

1936年,陶诗言本应在嘉兴一中初中部毕业。1935年暑假陶诗言回到南京后,发现南京中学(今南京宁海中学)高中部在招生。在当时的教育体制中,中学也可以进行同等学力招生,就是初中没有毕业也可以报考高中,但录取名额不能超过总数的5%。因为当时陶诗言只在初中读了两年半,没有正式的初中毕业证书,他就拿着学校发的一个学习证书和成绩单去报名,结果考上了南京中学高中部。

1935年,陶诗言来到南京读高中。从嘉兴这样一个小县城来到大都市南京，陶诗言感到一切都是如此新鲜而又生疏。高一上学期学习文化课，由于当时学校要求如果不经过三个月的军训，学生将不能毕业，所以到高一下学期，陶诗言在军营里接受了三个月的军训。抗日战争前夕，各地的学生运动风起云涌，陶诗言的学业受到了一些影响。陶诗言读高二时，江苏省政府为镇压学生运动，将南京中学取消，迁到镇江重建学校，并改名为镇江中学。陶诗言等学生就转到镇江继续学习。1937年7月，在陶诗言读高三时，抗日战争开始了，陶诗言在高三只读了一个多月，上海失守，日军进攻镇江，炸毁了镇江中学，学校被迫解散。

没有了学校，陶诗言准备逃难到四川大后方。他拿着父亲给的几十块钱，自己乘火车到汉口，1937年12月辗转到了四川。由于年纪轻，不知干什么好，正当陶诗言彷徨的时候，国民政府在四川办了个国立中学，招收流亡的学生，好多人报名，陶诗言也去报名并被录取。1938年3月，陶诗言进入四川国立中学继续读高三，当年6月毕业，所以陶诗言的高三在镇江中学和四川中学合起来实际就读了几个月。

陶诗言中学期间的学习虽然是在学校搬迁和动荡的社会背景下进行的，但是教学质量并没有降低。高中时期陶诗言的代数、几何、物理、化学课程全部用的是英文教材，而且高中英语课对教材的要求很高，对课外材料的阅读要求也很高，要阅读许多英文名著。

国立中学的学生毕业时有 5% 可以保送上大学。那时比较好的大学就是西南联合大学、北京大学、清华大学、南开大学等，这些大学当时多数在昆明，从重庆到昆明的路费很贵，中央大学（今南京大学）也是全国比较好的大学，而且在重庆。陶诗言离中央大学比较近，所以就选择了中央大学。1938 年，陶诗言凭借其优异的成绩被保送到当时最好的学府之一——中央大学，开始了大学生涯。

中国第一批大气专业本科生

大学四年，陶诗言大部分时间都是在图书馆里度过的。当时正值抗日战争的艰苦岁月，形势多变，常常连饭都只能吃个半饱。在这段时期，陶诗言勤奋学习，为后来的工作打下了坚实的基础。

转入冷门学科气象学

1938年，19岁的陶诗言以优异的成绩进入中央大学工学院水利工程系学习。

陶诗言进入大学时，时局已开始动荡，中华民族处在危难时刻。1937年7月7日"卢沟桥事变"后，日本开始了全面侵华战争。8月13日，日军向上海进攻。南京危在旦夕，中央大学接到内迁的指令。敌机的频繁轰炸，加速了中央大学搬迁的行动，罗家伦校长于8月下旬在教授会上提出迁校重庆的方案。重庆新校址选定在沙坪坝松林坡，这是重庆大学东北面的一个小山丘，嘉陵江从山坡下绕过，山清水秀，是一个读书的好地方。1937年12月1日，沙坪坝上空升起了中央大学校旗。

抗日战争时期的中央大学地分三处：重庆、成都和贵阳。抗日战争前的中央大学已经发展成一所院系齐全、教授阵容强大的高等学府。迁到重庆后，仍然保持文、法、理、工、农、医等七大学院的 44 个系或学科组。罗家伦校长认为，一所大学本身就应该是一个有机体。"从纵的方面讲，自小学、中学、大学以至研究院，缺少一段无从实施；从横的方面讲，无论文、法、理、工、农、医等方面，都是一整套的配合，缺少一个都配不齐整个国家的机构。"罗家伦对中央大学倾注了很多心血，在战乱中较好地保存了一方学习净土。由于罗家伦的努力，中央大学成了学风严谨的学术家园，也为陶诗言的学术成长提供了良好的环境。

陶诗言在水利工程系读二年级的时候，发现投影结构和绘画这两门课令他很头疼，他觉得自己还是比较适合学理科。那时顾震潮在数学系，他们两个人便商量转系的事，想转物理系，后来考虑不行，因为物理系人很多。当时气象学刚刚从地理系单独分离出来，气象学是冷门学科，所以陶诗言和顾震潮决定往气象学方面转。当时大学转系非常自由，甚至不想读这所大学了，还可以回到高中重新考试。就这样，在入校一年以后，陶诗言便转入理学院地理系气象组。他所在的班级有 20 人左右，顾震潮、陶诗言、黄士松、陈其恭是学气象的，四个人组成了一个专业，这在今天或许难以想象，陶诗言和其他三个同学无意间选择了这门小学科，他们并不知道未来这门学科的重要性。从此，陶诗言的一生便与大气科学结下了不解之缘，也开始了他与中国大气科学一起成长的旅程。

岁月如梭，半个多世纪后，陶诗言和黄士松两位大学同学相聚，充满了对过去岁月和老同学的怀念。2011年，黄士松教授专程赶赴北京，与陶诗言叙谈。他们一起见证了中国大气科学的发展，为中国大气科学作出了重要贡献。

松林坡上读书声

大学四年，陶诗言大多数时间是在图书馆里度过的。陶诗言比较重视对外语的学习，大学里规定英语是一年级必修课，从二年级到三年级一定要有外语选修课，陶诗言选学的是德语。到大学毕业时陶诗言已经可以看懂德语文章。

放假时，陶诗言经常去做家教，有时还与几个人摆地摊赚点钱，以贴补购买书籍所需费用。那个时候，宿舍都是大通铺，100多人一个宿舍。从宿舍走到厕所，大概要走8分钟。陶诗言和黄士松是上下铺，陶诗言住上铺，黄士松住下铺。陶诗言晚上打呼噜，黄士松睡不着，就用拳头顶陶诗言的床底。

中央大学在教学上非常严谨，西迁后，在办学条件极其简陋的情况下，学校开设的基础课程不仅未被削弱，反而有所加强。专业课程也和平日一样进行，及时反映学科新水平，而且做到循序渐进，帮学生打下了扎实基础。高等学校的主要学习设施之一是图书馆，西迁到重庆的中央大学图书馆修建在松林坡顶上，内有50余万册中外图书，学生们非常珍惜图书馆晚上开放的宝贵时间，每晚都要"抢座位、抢参考书、抢灯光（因灯光微弱，要抢离电灯近的位置）"。

当时国民政府资助国立大学青年学子贷学金，贷学金是一种助学制度，学生吃饭不要钱，毕业时偿还，但后来也没有还。陶诗言就是靠贷学金过日子，读大学吃饭不要钱，每个月还多少有一些零花钱，但不是每个人都有，成绩好才能申请到。中央大学在艰苦条件下并没有降低办学质量，学术氛围也十分浓厚，气象专业的老师都很认真，而且学术水平很高。气象学主要学习普通气象学、天气学、动力气象学三门课程。普通气象学是朱炳海教授执教，天气学和动力气象学是王厦千教授执教。抗日战争时期地理系教室在重庆三里坝，后来有两个专用教室，气象专业放在其他大的专业教室中。相对今天的课程，天气学、观测学等内容较少，也限于条件，气象专业学生当时没有办法多画天气图。当时都是用国外的教材，天气学没有教材，只有普通气象学有课堂讲义，其他都没有讲义，但是有参考书，要自己去找。

陶诗言学习很用功，早上比其他同学起得早，洗把脸就来到松林坡，小山坡上松树很多，陶诗言就在松林坡上学习德语，琅琅读书声伴随着松树摇动的声音传向远方。艰难困苦磨炼着陶诗言的心志，历史也等待着这位青年为多灾多难的中国作出贡献。

留校任助教

1942年，陶诗言大学毕业，获理学学士学位。他的本科毕业论文主要是研究变压风的应用，这已经和当时最前沿的大气科学理论——罗斯贝学派的理论挂上钩，也为他后来进一步学习罗斯贝理论打下了基础。

1942年，中国第一批气象专业的本科生有四个：顾震潮、陶诗言、黄士松和陈其恭，除陶诗言外，虽然其他三位同学后来的发展不尽相同，但都取得了不错的成绩。当时美国为了支持中国抗日战争，在《租借法案》中有一个培养人才项目，选拔一些人到美国学习。人员来自两方面，一方面从军队、农业部、交通部、航空公司等选派，另一方面公开招考。国民政府考试院举办公开考试选拔人才派去学习，黄士松、陈其恭、丘万镇、谢义炳四个人被录取，去了美国，学期一年，先是在芝加哥大学气象系学习半年，之后就到美国气象局系统实践。一年以后，派出去的一部分人转为研究生，继续深造，黄士松就是其中之一，最后取得硕士学位回国。陶诗言当时也报了名，以他的成绩，本来可以有机会去国外深造，可是在考试的前夜他吐了血，病情比较严重，以为是肺痨病，后来检查结果是支气管破裂，没什么大碍，但是失去了考试的机会。

大学毕业时没有赶上留学机会，陶诗言很彷徨，由于当时的中央大学还没有招收气象学研究生的计划，所以他没有继续深造。陶诗言听说国民党军队里有气象部门，待遇很好，便找到父亲的熟人，一个在国民政府航空委员会工作的朋友，这位朋友劝他还是留在大学里教气象。此时中央大学地理系刚巧缺一名助教，陶诗言以优异的成绩留校任助教，从此开始了他漫长的学术生涯。

任教期间，陶诗言主管气象实习课，带领学生进行气象观测，教学生画气象图。在当助教的两年时间，陶诗言坚持努力学习，抽时间旁听涂长望教授的课，并不断地向他请教问题。在任教期间，陶诗言还撰写了《等变压场及其在天气预报上的应用》和《天气预报之前瞻与后顾》等文章。

入职中央研究院气象研究所

中央研究院气象研究所有全国气象领军人才的"摇篮"之称,这里造就了一大批优秀的气象学家。在中央研究院的北极阁气象研究所,陶诗言在赵九章等前辈的严格要求下,打下扎实的气象科研基础,开始走上独立研究之路。

重庆北碚　大开眼界

1944年年底的一天,刚上任的中央气象研究所所长赵九章与中央大学地理系教授涂长望交谈,问他能不能推荐一个优秀的年轻人到气象研究所工作。涂长望当即举荐:"陶诗言这个年轻人才干非凡,很有希望。"赵九章找陶诗言谈了半个小时后,对他说:"明天上午有车过来,你跟我走。"陶诗言说这里还有他负责的实习课,涂长望教授说:"你就不要管了,你啊,不要一直当助教,虽然工作轻松得很,如果你一直在中央大学工作,又没有出国,你将永远是助教、讲师,到不了教授,你是有前途的,不要留在这。"第二天,陶诗言卷上铺盖就上路了。陶诗言在中央大学当了两年助教后,来到了重庆北碚的中央研究院气象研究所任研究实习员,在赵九章的指导下开始了大气科学的研究。

1928年建立的中央研究院气象研究所,是中国科学院大气物理研究所的前身。建所时，所址选在南京北极阁。1927年11月20日，南京政府教育部大学院召开中央研究院筹备会，其通过的组织条例中设有观象台。1928年2月，又将观象台分为天文研究所和气象研究所。1928年6月9日，国立中央研究院在南京正式成立，确定该研究院为中华民国最高学术研究机关，蔡元培为院长。研究院内设气象研究所等八个研究机构，任命竺可桢为气象研究所专任研究员兼所长。

自竺可桢担任气象研究所所长起，到抗日战争爆发前，气象研究所发展很快。在极度困难的情况下，竺可桢采取与其他部门合作和气象研究所自筹资金创办两种方法，积极筹建气象观测台站网。在竺可桢的精心推动下，1928—1941年，经过13年的艰苦努力，全国建成测候所50多个，其中气象研究所自筹经费建成的直属测候所28个，织就了一张初步覆盖全国的气象观测台站网，这在当时是难以想象的，也为气象研究所进行实际的预报和科研提供了良好的物质条件。

经过竺可桢领导的气象研究所和全国各方面的共同努力，结束了外国人操纵中国天气预报的历史，气象研究所于1930年1月1日起，公开发布天气预报和台风警报。

竺可桢一般每年到气象研究所检察两次工作。当时所内人员虽不多，工作却井井有条。早在北极阁时，气象研究所的科技人员坚持从事日常气象观测工作。陶诗言主要负责制氢气球并将气球放上天，同时负责风速仪的换纸和分析工作。陶诗言除做好这些日常业务工作外，还抓紧一切时间在图书馆、资料室刻苦学习钻研。那时陶诗言还是单身一人，因为战争，很少和家里通书信。他比较节俭，工资够自己一个月生活，所以也不需要父亲给他资助。陶诗言只是潜心进行学术积累和科学研究。

由于竺可桢为气象研究所打下了良好的发展基础，并形成了扎实的研究风气，这些对陶诗言的成长起到了直接促进作用。1937年"卢沟桥事变"后，北极阁山顶成为军事要地。1937年11月18日，气象研究所留守南京的天气预报业务被迫停止，23日，最后一批职工被迫撤离北极阁，这使竺可桢"希望有整整十年不间断的南京气象资料"的愿望（只差40天）未能实现。是年12月，气象研究所的职工全部集中到汉口后，由于工作场所狭小，日本飞机又经常轰炸，科研工作受到影响，所以气象研究所决定将天气预报部分迁往重庆。

1939年，日本侵略者对重庆大肆轰炸，气象研究所除天气预报部分因工作需要暂留外，其余部分于5月11日撤离重庆市区到郊区北碚镇临时办公。1940年3月，竺可桢到北碚察看新所所址，决定在北碚象山购买土地新建房屋。1940年11月全部竣工，根据地名命名为象庄，气象研究所于1940年12月迁入象庄，暂时结束了居无定所的局面。

1936年4月5日，竺可桢出任浙江大学校长，但仍兼任气象研究所所长。1944年1月，竺可桢推荐赵九章担任气象研究所代所长的建议得到批准。1944年5月1日，赵九章担任气象研究所代所长后，他以超凡的组织能力和严谨的科学学风，很快使迁所后不大景气的状态得到扭转。赵九章一方面广招人才，另一方面加强对年轻人的培养，严格管理。1944年以后，陆续应聘到气象研究所工作的有毛汉礼、顾震潮、陶诗言、朱和周、林书闵、高由禧、刘匡南等。短短9个月时间，工作就取得了很大进展。1947年1月1日，赵九章正式担任气象研究所所长。

当时的中央气象研究所对年轻人的淘汰很厉害，招进来的年轻人都是一年一聘，年底拿不到第二年的聘书就自动离开。在严格的制度下，陶诗言更加发奋。陶诗言主要是帮赵九章做计算工作，所里有一个气象站，陶诗言每天整理、换纸、读数，读完后交给研究资料的同事，那时没有计算机，都是靠算盘手算。陶诗言到气象研究所后交给赵九章的第一篇论文是关于东亚地面气流方面的研究，赵九章看后修改，然后再去发表。就这样，陶诗言的学术能力慢慢得到了提升。

在气象研究所，陶诗言得到了学界前辈竺可桢的亲自点拨，得到了赵九章、涂长望等国内外一流教授学者的精心教诲。即使在国难当头的战时后方，立志科学报国的学者仍一丝不苟地工作，这极大地感染了陶诗言。赵九章对学生的要求很严格，每天晚上都会和学生们讨论问题，看有没有新思想，大家讨论得很热烈。陶诗言和赵九章经常在一盏油灯下交谈。有时在谈话中陶诗言反驳了赵九章的观点，赵九章会非常高兴，说学生应该敢于反驳老师。在与赵九章的多次交谈中，陶诗言受益匪浅。

赵九章十分注重对青年人的培养，努力为年轻人创造发展的机会。气象研究所的青年人在研究员的带领下，认真讨论，相互学习。研究所每周有一次学术讨论会，每两周举行一次读书报告会，每月有一次学术报告，还不定期地与中央大学气象系联合举办学术讨论会，听报告的多是年轻人。赵九章经常指定一篇文章让青年研究人员作报告。赵九章和傅承义等人经常参加，并指出学生报告中的缺点，教他们怎样作学术报告，怎样抓住文章的要点，怎样从文献中发掘值得研究的问题，等等。赵九章经常鼓励年轻学者在讨论会上发言。讨论问题时，有人提出不同意见，总能得到赵九章的鼓励。如果报告讲得不好，赵九章就会当场批评，但是对陶诗言的报告从来没有批评过。

关于这几次报告，陶诗言记得很清晰。比如《中途岛战役之天气》的报告，这是在抗日战争期间赵九章让实习研究员，包括刚进所的大学生做的一些文献综述。1942年中途岛战役爆发，美军把日本四艘航空母舰打沉了。美国只损失一艘航空母舰，并取得太平洋制海权。这个报告就是关于针对战争的气象保障，那时有个学者写了一篇很好的论文，阐述美国人怎么利用气象条件取得中途岛战役的胜利。这个学术报告赵九章让陶诗言看了很多文献，然后做了个回顾。还有一个报告是《欧亚大陆大气环流之型种》，这个也是做了个回顾。这些报告都是一种学术训练。

有青年人说赵九章有些家长制作风，比如青年人谈恋爱或者一些生活上的事他也管。大家私底下说他管得很严。当时陶诗言和顾震潮喜欢在北碚镇上听音乐。北碚镇是个文化小镇，有时他们就偷偷溜出去，晚上走三里路去镇上听音乐。要躲着赵九章出去，不然就会挨批评。陶诗言觉得赵九章管得严对他的成长很有帮助，他刚刚大学毕业没两年，没有赵九章管得这么严，就没有他后来的成就。陶诗言就是在这样一个有严师教导、有良好学术风气以及有丰富的图书设备的环境中打下了扎实的科研基础。

北极阁前的雪松

抗日战争胜利以后，在重庆的国民政府和有关高校、研究院所都陆续回迁。1946年9月，气象研究所迁回南京北极阁。已是助理研究员的陶诗言由于勤奋执着、刻苦钻研、工作出色，成为研究所的青年骨干。1945年12月，气象研究所要派人从日本人手中接收北极阁气象台，张宝堃被选作接收代表，陶诗言做助手。

当时的陶诗言还是单身，接收之后，陶诗言留下等待气象研究所大部队的回迁。当时北极阁只有张宝堃和陶诗言两个人住在山上。陶诗言到山下吃饭，每次上下山都要经过一片松树林，他看见有两棵矮的树苗，就"偷"了回来，种在山上，有棵树死掉了，另外一棵长得很好，至今已经长成参天大树。

回迁之后，北极阁气象研究所的图书比在重庆北碚时多很多，新的期刊也很多。陶诗言在北碚期间已经打下良好的科研基础，在北极阁的五年受益更多，从实践中学到了很多新技术。这五年中，陶诗言的学术水平成长很快，收获也很大，这与当时大气科学迅速发展有关。

在当代气象学的发展史上有两个著名的学派：一个是以皮耶克尼斯父子为首的"挪威学派"，另一个是以罗斯贝为首的"芝加哥学派"。以罗斯贝为首的芝加哥学派包括一大批大气科学精英，他们基本代表了大气科学的一个时代，并为现代气象学和大气动力学的发展奠定了基础。芝加哥学派的影响不仅限于欧美，也包括中国、日本和印度等亚洲国家。谢义炳、叶笃正和郭晓岚三位中国著名气象学家便是在罗斯贝的指导下完成博士论文的。芝加哥学派的学术风格和精神非常鲜明，它特别强调研究大气科学问题的基本物理原理，而不是停留在大气现象本身，这种从最基本的物理或流体力学原理出发来研究大气科学问题的风格，也是芝加哥学派能够作出许多开创性工作的重要原因。

气象研究所在赵九章等著名学者的带领下，紧跟芝加哥学派，因此在战火中的中国气象学术水平与世界顶尖水平差距不大，同时还培养了一批优秀的气象学者，在中华人民共和国成立后迅速成为学术带头人，其中就包括陶诗言。陶诗言认为芝加哥气象学派不是一个专门研究天气的学派，而是研究包括大气运动原理的综合性学派。过去中央研究院气象研究所的天气图都是画东亚的、亚洲的天气图，而芝加哥学派的天气图是从全球或者半球的视角看问题，这对陶诗言是个启发，陶诗言当时是天气组组长，有3～5个助手，他经常带领助手们勾画北半球的地面天气结构图。

陶诗言除画图外，在北极阁期间还公开发表过几篇文章。他认为，正是赵九章等人紧跟当时属于科研前沿的芝加哥学派，气象研究所在那时才会取得那么多成就。芝加哥学派对陶诗言产生了深远的影响，对其一生学术成长发挥了重要作用。陶诗言在北极阁工作的五年，最大的收获就是学会独立思考问题。这五年对他的学术成长来说是很重要的五年，因为这五年他得到了很多名师的指点。陶诗言在总结自己一生成功的经验时指出，是他遇到了很好的老师，有竺可桢、赵九章、涂长望等著名教授的指导，使他直接走到了大气科学研究的最前沿。特别是竺可桢提倡的"求是精神"影响了陶诗言一生。竺可桢每年来研究所一两次，每次来必定找年轻研究人员谈话。有一次陶诗言刚写好一篇要发表的文章，竺可桢看后说陶诗言英文不够流利，他在稿子上做了多处修改。这对于陶诗言的学术成长有莫大的帮助。陶诗言说："如果说我今天在大气科学研究上有一些成就，首先应归于气象研究所的老师们的精心指导和严格要求。"

温馨的港湾

1945年，陶诗言与表妹张志伦在南京结婚。张志伦的父亲擅长书画，曾是中学的美术老师，张志伦受父亲遗传，有艺术细胞，字写得很好。张志伦在小学担任音乐教师，喜欢花。与陶诗言成家后，悉心照顾陶诗言，陶诗言写的好多文章，在没有电脑的情况下，就写在稿纸上，旁边还做一些批注，需要重新抄写一遍。陶诗言的很多文章就是张志伦工工整整地抄出来的，他的名著《中国之暴雨》也是由张志伦抄写的。

张志伦后期辞去工作，在家里做全职太太，一生专职照顾陶诗言，让家庭成为一个温暖的港湾，也是陶诗言学术上长足进步的精神依靠。夫妻二人感情很好，几十年来没有吵过架。陶诗言的儿子陶礼光说："他们感情确实很好，偶有小的争论，但每次都是我妈批评我爸，我从来没见过我爸对我妈有什么粗暴的地方。"

20世纪60年代，陶家粮食紧张，张志伦自己不吃，让陶诗言先吃。"我记得那时她的小腿比较肿，我还小，正上小学，就摁她的小腿，一摁一个坑。"陶礼光回忆说，"我记得当时粮食不够吃，比如大米只可以买多少斤。购买的粮食中还有一种面，类似于荞麦，我一吃就恶心，太粗，有点喇嗓子。我妈说这种粮食每家要按一定的比例购买，我妈就吃那个粗粮，把好点的粮食留给我爸和我吃。"

陶诗言的家庭是温馨的。张志伦会弹钢琴，也能教唱歌，她给两个孩子买了一把小提琴，孩子们都会拉。可能是受张志伦的影响，陶诗言特别喜欢古典音乐。陶诗言家有很多古典音乐的唱片，虽然20世纪60年代物质生活非常匮乏，但陶诗言家的精神生活还是比较丰富的。陶诗言经常买些古典小说给孩子们看。家中有个老式的收音机，陶诗言常常一边听着音乐一边看书写作。陶诗言的儿子陶礼光说："有时他让我在旁边写作业，我们家有一个三屉桌，他在一边，我坐他对面，我做我的作业，听着收音机里的古典音乐，他做科研工作。对于收音机里播放的音乐，他都能给我讲出来，说这是贝多芬的曲子、这是莫扎特的、那是肖邦的，等等。"

陶诗言的家中总是充满和谐的欢笑，学生来见陶诗言，有时陶诗言还没回来，就先跟张志伦交流。张志伦对人很友善，常给学生们留下非常温暖的感觉，因此学生们亲切地称她"陶妈妈"。据陶诗言的儿子陶礼光回忆："'文化大革命'中，我们这座楼所有小孩子都愿意到我们家来玩，我妈那种包容很难得。在我们家讲话完全是随意的，那时没有什么学习压力，大家比较随意。有时我也会到楼里小朋友家去玩，听到他们父母对孩子的严厉训斥，感觉到他们家庭气氛和我们家是完全不一样的。在我们家非常放松，我妈很友善地对待每一个人，所以我觉得这个对我的影响很大，我从父母身上学到了很多东西。"

正是有了这种温馨和谐的家庭环境，陶诗言在精神上得到了莫大的安慰和鼓励，可以安心地从事科研工作，这对其一生的学术成长有着积极影响。

五年预报员

20世纪50年代初，陶诗言和顾震潮共同主持新中国第一个天气分析预报中心，建立了各种天气预报方法，为国防和国民经济建设提供了卓有成效的气象保障服务。

经过五年的天气预报实践，陶诗言积累了大量有关中国天气变化的知识，为其以后的科学研究提供了丰富素材。

联合天气分析预报中心副主任

1949年11月20日，涂长望奉命到北京筹备新中国气象工作。11月23日，涂长望以个人名义给周恩来总理写报告，内容涉及建立我国气象工作的建议。12月8日，中央人民政府人民革命军事委员会气象局（简称中央军委气象局）成立，办公地址设在北京市南河沿25号欧美同学会内。毛泽东主席任命涂长望为中央军委气象局局长，张乃召、卢鋈为副局长。此时全国尚未完全解放，正是百废待兴之时，急需开展气象业务和服务。当时气象各方面业务条件都很差，但最急需的是技术人才，特别是较高层次的技术人才。

中华人民共和国成立以后，中央研究院气象研究所改名为中国科学院地球物理研究所，把气象、地震、地磁、物理勘探并在一起（1966年又分为四个所，涉及四个研究领域，包括大气物理、地震、物探和空间中心，气象方面成立了大气物理研究所）。中央军委气象局为解决气象人才极缺这一问题，与中国科学院商定，集中一批技术力量先开展我国的天气和气候业务。由于当时中央军委气象局的气象业务水平达不到业务要求，需要中国科学院派人去支援，几乎抽调超过原气象研究所二分之一的人到气象局工作。这些人员的人事关系（包括工资）留在中国科学院，业务管理和组织服从军委气象局。

1950年10月，抗美援朝战争开始，时局对军事气象服务的要求也迫在眉睫，解放军总参谋部气象部门缺乏技术骨干。赵九章给已是中央军委气象局局长的涂长望写信，建议成立联合天气分析预报中心和联合气候资料中心。于是，1950年12月，中国科学院地球物理研究所与中央军委气象局合作成立联合天气分析预报中心，地球物理研究所派顾震潮任主任，陶诗言任副主任。同时成立联合气候资料中心，先后由地球物理研究所张宝堃、杨鉴初任主任。这两个中心为创建新中国气象事业及培养气象干部作出了重大贡献。

联合天气分析预报中心（简称"联心"）的主要任务之一是完成抗美援朝战争的军事气象保障任务，之二是向国内发布天气预报。赵九章将陶诗言从南京调到北京担任联合中心的副主任,在中央军委气象局局长涂长望的指导下,从事天气分析预报工作。

1950年冬天,还是助理研究员的陶诗言带着家眷从南京搬到北京,作为陶诗言的老师和领导的涂长望非常欣赏这个踏实、勤奋的青年人,涂长望局长亲自率领中央军委气象局各司的司长到火车站迎接陶诗言一家。涂长望局长求贤若渴的态度让陶诗言感到非常温暖和感动。

刚到北京,陶诗言就发现北京的气象科研条件比南京还要差,预报条件也很落后,工作比较艰苦。当时北京的生活待遇与南京相差很大,陶诗言调到北京后的工资待遇只是在南京时的70%,同时联合中心是个军事单位,要求过军事化的生活。这对习惯于自由研究的陶诗言来说,当时还有些思想包袱,但是面临国家需要,陶诗言义无反顾地投身到新中国的气象事业建设洪流中。到北京的"联心"工作对陶诗言来说是一个很好的转折点,他把芝加哥学派的高空图、天气图一起拿到北京。除了陶诗言,刚回国的顾震潮、杨鉴初、刘匡南、朱抱真、章振越等人也来此工作。可以说,赵九章派出了原中央研究院气象研究所80%的专家,使当时的机构成为国内气象预报力量最强的单位之一。1955年"联心"撤销,恢复了中央气象台的预报科和资料室。

在"联心"期间,陶诗言没有太多行政管理的工作,主要业务是做预报。当时国内气象资料奇缺,基础薄弱,很难作出正确的天气预报。中国的天气又有自己的特点,国外的一些预报方法难以照搬使用,必须走中国自己的路,做开创性的工作。陶诗言和顾震潮一起,带领"联心"的人员学习国外的新成果,创造适合我国实际的天气预报方法和有中国特色的研究成果,丰富了我国的天气学理论。他们克服重重困难,领导建立了我国天气分析预报业务,承担了对全国天气预报工作的指导,在中华人民共和国成立初期的国防和国民经济建设中起到了积极的作用,尤其在减少灾害性天气给人民生命财产造成损失方面起到了重要作用。在短短的三年多时间,不仅发展完善了中国短期天气预报业务,还建立了中期天气预报业务,并开展了长期天气预报,较好地完成了国家军事气象保障任务和经济建设及社会发展需要的天气预报任务,同时经受了1954年长江特大洪涝的预报服务考验。

天气预报的风险

在"联心"工作期间,陶诗言从未把自己当作副主任,他带领大家,不辞辛劳、埋头苦干,从填图到分析预报，样样能干。陶诗言经常亲自值班，有时还值夜班。遇到有灾害性重大天气事件时，都是他负责签字发布天气预报。虽然当时的科研条件比较差，但"联心"建立了很好的制度，而且各项制度都比较严谨，如交接班制度、会商制度、发警报的程序和格式等，业务工作井井有条，他们每天早上八点钟会商，决定预报。陶诗言几乎事事亲力亲为，不用说工作是很辛苦的。由于当时很多工作都是手工操作，要一环扣一环地流水作业，有很严格的时间要求，各项工作都要按时完成，如违反，一定要开展批评和自我批评。这使大家养成了一个守时的习惯。

为提高新预报员的业务水平，陶诗言和顾震潮经常给新进的预报员讲课。"联心"每一到两周召开一次学术报告会，包括研究成果汇报和介绍国外动态，如苏联的平流动力理论、北欧学者的图解法、美国的中期预报方法、德国的统计方法等，有时进行天气预报总结和中国学者的报告。这些报告和介绍，既讲了他们的成果，也讲了他们的优缺点，还对某些预报方法组织试验、试用，既不盲目照搬，也不轻易否定，形成了一种比较实事求是的学术风气。

作为中心的主要领导者之一，陶诗言一心扑在新中国气象预报事业上,"联心"没有现代化的技术和设备,既没有雷达,也没有卫星,数值天气预报也没有开展,就是凭地面几个观测站的观测资料发布未来天气,包括发布警报、寒潮和台风。与国外的数据交换方面,当时可以收到韩国、日本的气象资料,但是收不到朝鲜的气象资料,美国自然不会给他们的气象资料,所以当时可用的预报资料很有限。然而各方面对"联心"的期望都很高,预报员做预报的时候怕报不准,心里总有压力,比如报了下雨,怕它不下;不报下雨怕它下,预报员心里老放不下。在顾震潮、陶诗言等人的带领下,"联心"不仅每天向国内各城市和朝鲜前线发布天气预报和气象情报,有时也要为当时的国庆活动做天气预报。全部预报工作共分三个大班,各有三分之一的预报员和填图员,由预报领班统一指挥。陶诗言与大家一起努力工作,遇到有灾害性重大天气事件时,都是他负责签字发布天气预报。"联心"把天气预报结果直接发给总参气象局,总参气象局发给军委作战部,再由他们发到朝鲜。为抗美援朝的气象服务是保密的,这种气象预报需要两头加密,专门有个机要科管保密工作,包括气象码都是不公开的,当时还是摩尔斯码,使得预报工作量很大。

陶诗言为新中国的天气预报事业做了大量开创性的工作。作为气象学家,陶诗言学识渊博,他善于将气象理论与预报实践相结合。陶诗言在"联心"的实践中建立和总结了各种适用于中国天气特点的天气预报方法,陆续发布了多次寒潮、台风、暴雨、霜冻、中期降水等比较准确的预报,填补了我国天气预报上的空白。1951—1953年,陶诗言开始对冬半年入侵东亚的寒潮进行系统研究,1955年首次在气象局专刊上发表新中国冬半年东亚寒潮研究论文。陶诗言将从天气过程的天气学实例分析及统计分析总结出来的一些研究报告编撰成册,对于指导天气预报起到了很大的作用。1952年,陶诗言晋升为副研究员。

1953年,我国还处在百废待兴阶段,农田水利建设十分薄弱,一次灾害性天气就会给农业生产造成严重的破坏。这年农历三月十二,一股强冷空气从北方袭来,造成全国大部分地区气温急剧下降,致使山东、陕西、河南、河北、安徽等多地的农业遭受巨大损失,刚刚拔节的冬小麦几乎全部被冻死,这就是震惊全国的1953年大寒潮。这次寒潮造成巨大损失的主要原因,是气象预报部门没有发出足够准确的预警。

小麦冻死后,给农民造成很大损失,那时我们国家不富裕，救济也困难，所以中央就号召投亲靠友。这一下惊动了周总理，总理下令要彻查这件事，为什么没有报出来？其实那时报了寒潮，但是没有报降温降到零度。那时候陶诗言感到压力巨大。在接受调查的两个多星期，他睡不好觉，吃不下饭，一直做检讨。现在看来，当时的技术无法达到准确预报这个灾害的水平。当时邻国蒙古一个气象记录都没有传给我国，国内北方也没有高空台站，就是地面少数几个气象台，这导致气象资料严重缺乏而无法作出正确判断。调查结束大概一个月以后，总政治部派了人来，结论不作为一个责任性事故，免予处分。这次灾害事件后，陶诗言就养成了一个习惯：每次做预报，都要总结经验。他用一个小本子记下预报结果，这次报对了，为什么报对了？报错了，为什么报错了？然后进行验证，这样反复多次，对陶诗言业务水平的提高有很大帮助。

　　1953年大寒潮的预报失败，让陶诗言认识到，天气预报不能只报模糊概念，而要报出具体情况，这样才能让人有所应对。经过反复琢磨，他得出这样一个结论：做天气预报肯定是要冒险的，天气预报至少有30%的风险。只有更加认真进行实践，及时总结，才能少犯错误，降低风险。由于1953年大寒潮对中国的巨大影响，使得中央领导人更加关注气象工作。1954年，周恩来总理签署发布了《关于加强灾害性天气的预报、警报和预防工作的指示》。气象部门面临着祖国和人民更大的信任与期待。不久，一场新的考验不期而至。

1954年7—8月，长江流域发生了百年不遇的洪水，当时武汉市危在旦夕，形势十分危急，中央气象局领导每天向大家宣布长江的水情和灾情。这时距离1953年的寒潮事件刚过一年时间，陶诗言决心在这次洪水预报中"打翻身仗"。陶诗言和顾震潮与大家一起严密监视天气，有时夜里还召集大家进行紧急会商。当时，为了保障武汉安全度汛和尽量减少沿江灾情，中央气象局宣布中央气象台进入紧急状态，一个月内不放假、不休班、不准出气象局大院，做到随叫随到。

1954年7月18日，武汉的长江水位涨至28.28米。进入8月中旬，水位一度达到29.73米，高出历史最高纪录将近1.5米，并且持续6天居高不下。在这样高水位的威胁下，要不要分洪成了党中央一时难以决断的事情。如果分洪，无数国家财产将被淹没；若不分洪，一旦决堤，后果更加不堪设想。这时如果气象预报可以准确作出预报，就可以减少领导决策的不确定性，但由于要承担预报不准的风险，谁也不敢随便预报。在这关键时刻，陶诗言挺身而出，凭借多年的预报经验和翔实的数据分析，果断预报接连下来几天暴雨即将终止。根据陶诗言的预报建议，没有进行分洪，当时大家都捏了一把汗，果然到了8月18日，暴雨停止，长江水位开始下降。长江没有分洪，避免了巨大经济损失。

由于陶诗言的正确判断，经过两个多月艰苦卓绝的防汛斗争，武汉人民终于战胜了无情的洪水，保住了武汉和其他城市的安全。"武汉保卫战"取得最后的胜利，陶诗言是功不可没的。

当事后询问陶诗言当时预报暴雨即将终止有多少把握时，陶诗言说有70%的把握，也就是说有30%的风险，如果报错了，后果不堪设想，但是那时陶诗言没有想这么多，他凭着科学的态度和对国家高度负责的精神作出了正确预报。由于成功的预报，陶诗言受到了国务院的嘉奖。

经过涂长望和顾震潮、陶诗言等人的努力，仅两三年的时间，中央气象台已经有两三百人的规模。这些人中有中华人民共和国成立前就参加工作的技术人员，有中华人民共和国成立初期的大学毕业生，有大量"参军""参干"后经过短期培训的年轻人，有从国外回来和从中国科学院及高等院校请来的专家，还有从部队调来的领导和行政干部，可谓是来自五湖四海。人员的平均年龄20多岁，年轻而有朝气。大家在当时生活条件十分艰苦的情况下，充分发挥各人之所长，团结共事。正是因为有了这样一支队伍，中央气象台的业务才得以迅速展开并不断发展提高。陶诗言和同志们一起生活工作，结下了深厚友谊。

通过五年的天气预报实践，陶诗言积累了大量有关中国天气变化的知识，为以后的研究提供了丰富素材。陶诗言认为，没有那五年预报员生涯的历练，就没有他后来的学术成就。

批判苏联平流动力理论

作为一个科学家，陶诗言实事求是，坚持科学原则，对不科学的做法敢于提出不同意见。陶诗言说："当初我们气象方面也走了弯路，比如百叶箱，中国是副热带地区，观测时一定要用地方时，但后来硬性规定不让用地方时。"由于陶诗言接受的是芝加哥学派的气象科学理论，对于中华人民共和国成立后苏联的一些气象理论有自己独立的看法，他认为苏联气象学中的平流动力理论不妥当。所以当时中央气象台在陶诗言等人的带领下，基本上还是按照美国芝加哥学派的理论做预报。由于当时全国都在学习苏联,所以陶诗言的压力很大。涂长望鼓励陶诗言可以在气象学会上就此作一些相关报告。1954年,陶诗言作了相关报告,指出苏联气象学中的不足之处。当时陶诗言的这个学术报告反响很大,大家都信服他的观点。在全国"一边倒"的情况下,陶诗言坚持科学真理的精神非常宝贵,尤其是在当今社会,更能折射出陶诗言的崇高品质。

自从1928年人类发明了无线探空以后,高空大气观测逐渐增多,高层气流的观测事实逐渐清楚,罗斯贝在1939年从理论上和观测方面发现了控制天气和大气环流变化的大气长波,这种长波与地面天气图所看到的高低压相对应。这些理论形成了在大气科学理论中占有重要位置的芝加哥学派的基础,芝加哥学派所建立的大气波动力学的理论体系是20世纪大气科学理论最重要的研究成果之一,其创立的大气长波理论不但为天气预报提供了理论依据,而且使得后来的数值天气预报和大气环流数值试验成为可能,同时奠定了现代大气环流与大气动力学的基础。这个理论也使人们对大气环流的看法有了一个根本性的改变。

中央气象台仍按照代表世界先进水平的芝加哥学派理论做预报业务。当时苏联的气象专家不太理解罗斯贝的长波理论,习惯使用自己的平流动力理论。1955年之后,苏联开始定性地应用罗斯贝最基本的涡度方程,而此前陶诗言做预报时早就已经定性应用了,这也证明了陶诗言当初的判断是正确的,1954年作的报告也是正确的。

总结经验和人才培养

1953年,中华人民共和国开始施行第一个五年计划,当时中央军委气象局属于部队建制,没有民用气象部门,所以1953年中央军委气象局整体转制,更名为中央气象局。后来军队另外成立一个气象局,即总参军事气象局。"联心"原先从中国科学院抽调来的全部人员在1955年年初就撤回到中国科学院。在"联心"解散的时候,由于陶诗言的杰出才能和踏实勤勉的工作作风,中央气象局希望陶诗言留下来继续工作,但是中国科学院的赵九章不舍得放陶诗言,所以陶诗言又回到中国科学院地球物理研究所。从"联心"回到中国科学院地球物理研究所后,陶诗言继续研究天气预报。1956年以后,虽然他主要在中国科学院从事气象学研究工作,但他始终保持与中央气象局业务预报部门的密切合作,参加了中央气象台、气象卫星中心等单位的许多科研工作，促进了科研机构和业务预报部门的协调合作，对提高中国的天气预报水平起到了重要作用。

陶诗言在"联心"的工作成绩卓著，不仅为抗美援朝、解放海南岛、解放舟山群岛等沿海岛屿、和平解放西藏等许多军事活动提供了出色的气象保障服务，同时也为经济建设、防汛减灾和抗灾等进行了有效的气象服务。顾震潮和陶诗言主持的"联心"经过五年的努力，建立了我国现代天气预报业务，并培养了大批业务预报人员，为我国天气分析预报业务的发展奠定了基础，取得了一批我国现代天气学的研究成果。

陶诗言认为自己在"联心"有很大收获，是他学术成长的一个转折点，他说："用毛主席的话说就是从感性知识转到理性知识。"在"联心"工作的五年，陶诗言总结了许多预报经验，还组织编写了天气预报手册。1956—1959年，陶诗言发表了很多论文，解决了我国天气预报的一些理论问题。直到20世纪50年代末至60年代初，陶诗言有关寒潮路径、北半球大气环流突变与长江流域的梅雨等一系列文章还有很多来自在"联心"的一些实践经验。由于在气象工作的突出成绩和科学研究方面的重要贡献，陶诗言于1956年晋升为研究员，同年获得全国先进工作者称号。

20世纪50年代，开设气象专业的高校主要有北京大学、南京大学等少数几所高校。面对新中国气象事业的迅速增长和社会需求的加大，大批量培养气象人才成为中央气象台等国家级业务单位的一项重要任务。1950年4—9月，经涂长望局长与中国科学院、清华大学商定，在清华大学举办了第一期气象观测训练班，由谢义炳、李宪之、王鹏飞等教授负责教学工作，培养气象观测员79人，这是新中国培养的最早的一批气象观测员。随后，1950年10月至1951年3月在中央气象台举办了天气预报实习班。涂长望和顾震潮、陶诗言等气象专家担任讲课教师，学员39人。陶诗言主讲天气预报的理论气象、动力气象两门课，包括讲述罗斯贝的长波理论，还编写了讲义《高空分析与天气预告》。尽管那时大学的教材全部用苏联的，但是中央气象台基本上还是按照美国的罗斯贝学派的方法培训预报员。陶诗言坚持用欧美先进的气象学理论教育学员，凸显了他独到的战略眼光。

1950年12月，成立了中央军委气象局气象干部训练班，学员是抗美援朝参军的青年学生，分别来自陆军、空军和海军，由陶诗言等人给他们上课。老师们既负责讲课又指导实习，既讲理论又重视操作，教学效果很好。这个短训班是新中国气象教育的一个很好开端，影响非常深远。1953年1月，训练班改为气象干部学校，学制一年。与此同时，华东、东北、西南、西北、中南各大军区气象处相继建立了气象训练队。虽然条件比较艰苦，但都配备了得力的干部和教师，行政管理、政治教育、业务教育都很好。学员毕业后，除分配到本地区，同时也分配到全国各地。经过几年的短期培训，全国共毕业气象人员约一万人，解决了新中国开创气象事业的急需问题。后来气象教育转到正规的教育上，培养中、高级人才。

即使离开了中央气象局，陶诗言依然对培养气象人才倾注了大量心血。1956年，中央气象局成立了气象研究所（现在的气象科学研究院），聘请陶诗言担任研究员，经陶诗言指导的三个学生后来都成长为气象业务的骨干人才。

经典之作：东亚大气环流的研究

在20世纪50年代末和60年代初，陶诗言发表了一系列有关寒潮路径、北半球大气环流突变与长江流域的梅雨等文章。这些研究工作都是东亚大气环流的经典之作，引领着我国天气学和预报业务的发展。尤其是1957—1958年他与叶笃正、顾震潮在瑞典著名的大气科学学术刊物 *Tellus* 上发表了三篇关于东亚大气环流的文章，受到国际大气科学界的重视。

研究中国寒潮

陶诗言一生与中国最著名的两个气象研究机构——中央研究院气象研究所和中国科学院大气物理研究所结下了不解之缘，既从中汲取了大量学术养料，又对研究所的发展起到了促进作用。

中国科学院大气物理研究所的前身是1928年成立的国立中央研究院气象研究所。1950年1月，中国科学院将气象、地磁和地震等部分科研机构合并，组建了中国科学院地球物理研究所。1966年1月，根据我国气象事业发展的需要，中国科学院决定将气象研究室从地球物理研究所分出，正式成立中国科学院大气物理研究所，中国科学院大气物理研究所主要研究大气中各种运动和物理化学过程的基本规律及其与周围环境的相互作用。中国科学院大气物理研究所是我国大气科学基础研究的最高学术研究机构，聚集了一批科技英才，代表我国大气科学基础研究的水平。"创新"和"国家需要"是中国科学院大气物理研究所立足的根本。从中华人民共和国成立初期东亚大气环流和季风理论研究，20世纪50年代云物理研究的开拓及数值天气预报和方法的提出，60年代空气污染气象学的发展，70年代卫星气象学、大气遥感理论和大气探测技术研究的开展和应用，80年代的气候数值模拟和预测研究，到90年代的全球气候与环境变化和自然控制论等，不断为国家经济和社会发展作出贡献。其中就包含着陶诗言的一些重大贡献。

1955年在"联心"的任务结束后，陶诗言回到了中国科学院大气物理研究所，参加以叶笃正为首的研究组继续做预报研究。这是个团结并且很有活力的研究组，他们在中国寒潮、东亚大气环流、中国的天气和气候以及青藏高原气象等方面作出了系统的科学成果。

东亚冬季风的变化与异常，特别是寒潮是引发我国寒害、雪灾、早霜和晚霜等灾害性气候发生的重要成因。1953年大寒潮预报的失误促使陶诗言对于东亚寒潮的活动路径及其与寒潮有关的东亚大气环流变化过程进行了深入研究。陶诗言对东亚寒潮的发源地、寒潮爆发的路径及条件、寒潮冷锋的结构、中国境内的锋生过程以及寒潮预报进行了系统的研究，发表了十多篇有创见性的论文，比如《阻塞形势破坏时期的一次东亚寒潮过程》《十年来我国对东亚寒潮的研究》等。这些文章解决了国家许多预报业务上的问题，也树立了他在气象学界的威信，受到气象学界的高度评价，成为20世纪50年代寒潮研究的一大权威。

寒潮与大气环流密切相关，陶诗言用从高低空流场相联系的观点分析东亚寒潮的爆发，延长了预报时效。陶诗言利用当时逐渐增多的地面气象观测站和少数高空观测站资料，系统地划分了入侵中国的寒潮路径。关于东亚寒潮路径的问题，早在1935年李宪之就做过一些研究。由于资料所限，李宪之的部分研究结论需要进一步发展。陶诗言把东亚寒潮路径的划分大大系统化，并且更加准确。他指出入侵中国寒潮最常见的路径是冷空气源自新地岛以西的北方海洋，从巴伦支海进入苏联，经西伯利亚、蒙古进入我国。这种路径的冷空气常引起较强的寒潮。第二条路径是从新地岛及其以东的喀拉海南下，到西伯利亚后折向东南，经蒙古进入我国。第三条路径是从亚洲西部，沿北纬50度以南自西向东移动，经蒙古进入我国。第四条路径是在蒙古—贝加尔湖地区堆积的冷空气，常直接南下侵袭我国。

在寒潮爆发的理论研究方面，陶诗言第一次提出了寒潮过程是高空大型天气过程急剧调整结果的理论观点。一次东亚寒潮的爆发实际上是东亚大槽一次替换和重建的过程，这种伴随寒潮爆发的低槽也是一种不稳定槽。它在西北气流中不断增幅，最后发展成长波槽，同时槽后导致一次冷空气爆发。陶诗言还发现，亚洲阻塞形势的崩溃也是导致东亚寒潮的一种常见高空环流形势。由于陶诗言是从高、低空流场相联系的观点来分析东亚寒潮的爆发，不但提高了寒潮预报的准确率，而且延长了三天左右的预报时效。这对于气象预报有非常重要的意义，由于能够提前预防，可以直接为国家减少经济损失。

在寒潮研究的实践经验方面，陶诗言指出寒潮是个全球现象，而不是局地现象，做预报要从全球角度考虑问题。在当时计算机技术不是很发达的情况下，主要通过估算寒潮的行进速度来做预测，冷锋平均一天走10个经度，大概1000千米，再看速度变率，然后预报员可以据此做估计和预报。预报寒潮除看蒙古有没有大高压外，还要看新地岛、乌拉尔山、斯堪的纳维亚半岛，那里过来一股气团就有可能演变成寒潮。有时候寒潮会从北美甚至北极长驱而下，比如在斯堪的纳维亚半岛上看到一个小的低压，当时很弱，但发展到我们国家就变成寒潮了。

1955年，陶诗言撰写了《东亚寒潮的经验研究》一文。在陶诗言的指导下，他的学生徐国昌在编写《中国短期天气预报手册》中的东亚寒潮时，根据陶诗言这篇论文的要点，将东亚寒潮主要分成不稳定短波槽发展和横槽转向两个大的类型，抓住了寒潮爆发的本质特征。20世纪60年代初期，陶诗言指出，高空大型暖高压伸向极地，将极涡推向南方，这是形成东亚大寒潮的另一种重要形式。

上述研究一方面大大地提高了寒潮预报水平，另一方面也为研究冬季欧亚大气环流形成的机理作出了贡献，陶诗言在我国冬季的寒潮预报方面作出的重要贡献至今仍为广大气象预报员所采用。中国寒潮的研究既体现了大气科学的全球性，又反映了与下垫面相关的特性。随着陶诗言的探索和创新的深入，中国大气科学在符合世界性的同时，其中国特性更加丰富。

发表在 *Tellus* 上的三篇著名论文

1958年，叶笃正、顾震潮和陶诗言三个人共同撰写了三篇论文，用英文发表在国际著名气象学杂志 *Tellus* 上。论文研究了包括中国在内的东亚区域冬季和夏季不同维度的大气环流，并讨论了其季节变率，研究了大气环流的季节转换和青藏高原在东亚大气环流中的作用；文章还研究了热源和热汇的问题，并运用扰动理论研究了东亚地形对西风急流的影响等。这几篇论文的发表，当时在中国气象学界乃至科学界影响都很大，同时也表明，20世纪50年代末到60年代初，中国的大气科学研究始终在跟随着世界大气科学的脚步。

陶诗言回忆这段往事比较自豪："从'联心'回来后的几年中，我继续研究大范围的中国天气形势，我们合作写了 *On the general circulation over the Eastern Asia*（Ⅰ、Ⅱ、Ⅲ）三篇论文，在瑞典的一个著名杂志上发表，文章发表后引起国际上的轰动，他们知道我们中国还有叶笃正、顾震潮、陶诗言这些人，搞了这么多研究。这个研究与西方水平都是比较接近的。所以说这三篇文章建立了我们在国际上的声望。在20世纪60年代，美国学者提出要与中国合作，包括在气象方面的合作，表明世界气象科学共同体对中国大气科学的认可，以至于若干年后中美合作季风研究计划也起源于此。"

陶诗言等人在这些论文的基础上继续深入研究，得出了大气环流的许多重要成果。20世纪50年代，陶诗言与叶笃正一起提出北半球大气环流（特别是在亚洲季风区）呈现季节性突变现象，指出在初夏，由于一系列大气环流特征的突变，活跃在中国华南地区的静止锋和雨带也随之迅速北移至长江流域，于是出现了"梅雨"天气，这个现象后来在全球其他地区也被发现。这一季节突变的观点在20世纪50—60年代被气象界广为重视。陶诗言指出，在初夏亚洲大气环流存在一次突变：东亚甚至北半球西风急流有一次突然北撤与减弱，从高原以南的西风急流撤到高原以北，热带东风急流在高原以南建立；在对流层低层，印度西南季风突然爆发，我国华南夏季风盛行；中、高纬度冬季和春季大气环流形势发生一次季节性调整，波长缩短，波数增加，尤其是东亚沿岸的大槽西退到大陆上；低纬度环流和环流系统也发生一次重大变化，突出表现在副热带高压有一次西伸北跳。这些观点都受到气象界的普遍重视。后来国内外的大气环流数值试验与相关分析证实了陶诗言观点的正确性，陶诗言的研究成果被国内外学者广泛引用。

陶诗言和陈隆勋曾分析1956年5月底和6月初亚洲上空大气环流的变化。发现这个时期亚洲南部的大气环流有着跳跃性的改变。在这个时期，喜马拉雅山南麓的高空急流向北撤退，而在西藏高原上空建立一个副热带高气压脊线，并且在亚洲南部上空（北纬10°附近）建立一支高空东风急流。在影响中国天气变化的大尺度系统中，阻塞高压和副热带高压非常重要。1962年，陶诗言分析了夏季江淮流域持久性旱涝的环流特征，指出西太平洋副热带高压持续性的偏北和偏南是造成旱涝的主要环流特征。1964年，随着对流层上部资料的增加，陶诗言研究了夏季南亚100毫巴高压的变化，将南亚100毫巴高压分为东部型和西部型两类，东部型西太平洋副热带高压西伸北进，长江中下游干旱少雨；西部型西太平洋副热带高压东退偏南，长江中下游多雨，从而揭开了我国100毫巴和南亚高压研究的序幕。

陶诗言这些大气环流的研究工作都是经典之作，引领着我国天气气候学和相关预报业务的发展。1987年，陶诗言因东亚大气环流研究和叶笃正等人共同获得国家自然科学奖一等奖。

对东亚大气环流的扩展研究

梅雨是中国和东亚地区夏季主要气候之一，它对中国东部旱涝灾害的发生有很重要的影响。陶诗言对中国有关梅雨问题进行了系统的研究。1949年以前，许多关于梅雨的讨论都是从气团角度出发。1949年以后，由于资料增多，研究进一步深入。陶诗言从东亚大型天气过程的变化来研究长江流域梅雨。他指出，梅雨实际上是东亚大气环流季节过渡时期或突变的产物。这种看法在20世纪50年代后期和60年代初期得以深化和发展。陶诗言还指出，中国长江流域的梅雨与东亚和北半球大气环流的突变密切相关，尤其与亚洲夏季风的爆发和西风急流北跳的关系更大。

陶诗言研究得出中国梅雨开始一般在每年的6月初，在这个时期，亚洲上空的大气环流经历一次明显的季节调节，在对流层低层，印度西南季风突然爆发，我国华南夏季风盛行；中高纬的长波形势发生调整，由3波变成4波，尤其是东亚沿岸的大槽西退到大陆上，在鄂霍次克海上空出现高压脊或阻塞形势；低纬环流系统也发生一次重大变化，伴随着以上这些环流特征的变化，静止锋和华南雨带迅速北移到长江流域，于是梅雨天气出现。

陶诗言根据气候资料以及1951—1957年的天气图资料对中国梅雨期的气候特点、梅雨期与亚洲上空大气环流季节变化的关系、梅雨期的长波型式、梅雨期东亚的基本天气过程以及梅雨期暴雨的天气过程等问题进行了深入分析。陶诗言研究得出，东亚梅雨期的开始和结束很有规律，梅雨期与亚洲上空大气环流的季节变化有着密切的联系。梅雨期的开始是发生在亚洲上空的东西风带向北突然推进的时期。梅雨期的结束与日本上空西风急流消失并且东风出现的日期很接近，这样的大气环流有季节变化，在年与年之间，虽然在时间上有一些出入，但变化的形式却是一致的。陶诗言对这种现象的揭露，对于东亚梅雨期的了解以及梅雨产生到结束的预报问题很有帮助。梅雨期东半球甚至北半球上空有典型的长波型式，在这种长波型式下，东亚出现典型的基本天气过程，因而引起长江淮河间一次次的梅雨气旋发生。

20世纪60年代初，人们开始注意对流层上部平流层的天气系统分析问题。在东亚对流层上部和平流层中下部大气环流的研究中，陶诗言根据1957—1961年东亚90多个探空站的记录，对东亚对流层中上部和平流层中下部的大气环流特点做了初步的分析，指出在冬季，对流层中上部的气压场和风场特点与过去研究的结论基本一致；在夏季，高原部分的环流特征却与过去的结论不同，夏季在高原上对流层中部出现微弱的气旋性环流，在100毫巴处高原上空的反气旋达到最大强度，这与青藏高原的热力性质有关。

此外，陶诗言指出，从1—7月东亚对流层上部的气压场和风场变化很大，在中高纬度气压场有相反的趋势，并且副热带高压脊线从冬季的北纬15°位置移到夏季的北纬28°。

1964年，陶诗言和朱福康研究了亚洲南部夏季100毫巴流型的变化及其与西太平洋副热带高压进退的关系，发现青藏高原上空的反气旋是北半球势力最强的大气活动中心之一，它围绕着其平均位置作东西方向振动，当其向东移动时，西太平洋副高压便向西伸，提出有关副热带高压东西进退的预报判据。1965年，陶诗言与杨鉴初对平流层大气环流的季节变化和平流层爆发性增温的天气过程进行了分析，并出版了专著《中国夏季副热带天气系统若干问题的研究》。

陶诗言在海温对副热带高压的影响上进行了集中研究，他指出赤道东太平洋海温极大地影响了副热带高压的强度，并联系到厄尔尼诺/南方涛动事件与副热带高压活动的关系，给出了这种影响过程的可能物理机制。在冬季中国上空平直西风环流条件下的西风波动研究中，陶诗言认为在亚洲中部和南部上空平直西风的环流条件下，往往有一个高空西风带的低压槽从亚洲西部越过西藏高原移到中国东部。这类高空的低压槽在低层对流层大气中表现得不是很清楚，在高层对流层中却表现显著。

中国卫星气象学的开拓者

1966—1976年，中国科学院大气物理研究所和中央气象局都受到"文化大革命"的影响，叶笃正也因为曾在国外留学而进了"牛棚"，陶诗言幸运地没有受到大的冲击，他抓住一切可以利用的时间和条件做研究工作。军事气象的研究给了他一个很好的外在环境，使得他可以安心地搞科研。陶诗言为中国"两弹"的发射提供了出色的气象保障，并开拓了中国自己的卫星气象学。

"两弹"试验中气象保障的功臣

20世纪60年代，我国核弹和导弹试验列入日程，这是中华人民共和国的"大科学工程"，上至国家领导人，下至普通百姓都将其视为中国人扬眉吐气的重要途径，集中了中国最优秀的人才，为此各方面工作都需确保万无一失。我国秘密开展了核弹和导弹等方面的国防尖端科学技术研究工作，需要有效的气象保障。国防气象保障是一项非常艰巨的任务。"两弹"试验对气象保障提出了特殊要求，导弹的发射要求发射点和爆炸点都要有严密的气象保障：发射点能见度要好，保证安全发射起飞；爆炸点要无云，才能保证观测爆炸的效果；而且要求无风或风小，不能有大风往内地这边吹，以防把核污染物带到内地，最多只能出现微风，即便是微风，也不能吹过玉门关，防止核扩散与污染；还要知道大漠深处发射场单点的高云、云量和垂直能见度、地面风向、风速和对流层中低层合成风等；要求很快找出符合气象条件要求的发射场和靶场，并且在十天、一个月甚至数月之前作出定点、定时、定量的预报；有几项试验的气象保障要求更高，在发射点和弹着点要求是丝毫无云的碧空，而且要求风向风速满足一定条件。

在当时这样的保障要求很高，军队里的气象工作者达不到这样的水平。当时军事基地的气象工作者做气象预报老是报不准。比如沙漠里虽然不下雨，但沙漠里有卷云，导弹发射不能有卷云出现，这会干扰观测。因为卷云不好预报，所以要请一个气象专家专门预报卷云。张爱萍将军亲自拍板让陶诗言在试验现场做气象保障工作。陶诗言负责导弹试验以及核弹起飞点的气象保障工作，当时陶诗言还不是共产党员，事后才知道自己是被"控制使用"。陶诗言由于参加了军事气象保障工作，在"文化大革命"期间免受冲击，红卫兵没有上门干扰，陶诗言也没有被下放到农村劳动，仍能继续从事研究。相比其他科学家，这对陶诗言来说是一件非常幸运的事，他自然会珍惜机遇，努力工作。

1965—1974年，陶诗言毅然接受为原子弹和导弹发射试验提供天气预报的任务，十几次到试验基地工作，经常一去就是几个月。他和解放军指战员一起生活，吃苦耐劳，有时连续几天不睡觉，而且不能与外界联系。回忆起当年情形，陶诗言说："我到部队去做气象保障，就是保障不能有云，特别是卷云出现，以便用肉眼目测导弹在空中的姿态。沙漠里虽然经常晴空万里，但是经常有云，尤其在我国西北的戈壁沙漠中，常常出现高云，而云是气象预报中最难报准的。那时条件艰苦，我现在都难以想象当时我是怎么完成任务的呢！"陶诗言所说的艰苦一方面是生活条件艰苦，试验基地一片荒漠，什么物资都得靠从外地运进去，建设任务十分艰巨；另一方面则是观测手段落后。当时陶诗言面临的气象保障条件确实非常落后：预报设备达不到要求，没有卫星、激光雷达、边界层探测设备、风廓线仪等特种探测手段；观测站网异常稀疏，只有一些高空天气图；没有数值预报等客观预报技术；没有当地的长时间的观测预报数据和预报经验；没有一支有经验的观测预报队伍，仅有从空军场站和院校抽调来的一支年轻的气象队伍。

作为气象保障把关的陶诗言，必须坚守在第一线，严密监测天气变化，精心分析资料，有时几天几夜不能合眼。为做好气象保障，陶诗言亲自动手编写天气形势预报的教材，为气象工作人员讲课，参加每日天气会商，指导基地气象人员开展天气预报经验总结和天气预报方法研究，亲历当地局地天气的发生发展和演变过程。

云和风的预报全凭陶诗言多年的经验以及扎实的实践知识来预报，为确保万无一失，在缺乏设备等情况下，陶诗言创造性地设计出科学有效的观测方法。陶诗言选定离发射场周边几百千米的几个关键点作为高空观测站，观测站上如果出现卷云等情况，立刻电话通知发射场。因为从观测站到发射靶场，卷云的移动时间一般有六个小时，哪个站上空出现卷云，就可以据此作出预报。在酒泉卫星发射基地，陶诗言还为基地气象保障工作创造了云区分析方法。云是卫星发射非常关键的问题，在那个年代没有卫星云图，这种分析方法虽然很简单，却对完成火箭卫星发射的气象保障工作起到了重要作用，这种云区分析方法在基地使用了很长时间。陶诗言还从预报理论上作出创新。陶诗言逐渐掌握了沙漠戈壁天气的变化规律。他认为一般情况下，温区天气过后，随之而来的是冷区天气，而这冷区天气又大多从苏联的乌拉尔山而来。陶诗言结合历史上的天气变化规律，大胆地提出自己的见解："我认为必须打头不打尾，紧紧抓住温区天气和冷区天气这两个气团的交界面——冷锋过后那段相对稳定天气的时刻"。陶诗言的理论创新和实践创新颇有中国本土特色，在实际发射试验站得到了很好地验证。

当时陶诗言只有40多岁，正是年富力强的时候，但巨大的压力使陶诗言夜不能寐，日思夜想着如何完成工作，每做完一次预报，陶诗言都提心吊胆，常常在半夜起来看天空是不是有云出现。长期高度紧张的状态使他患上了高血压，影响了他日后的身体健康，但是陶诗言从无怨言，甚至不愿提及。

在非常有限的气象观测设备和预报技术下，陶诗言以极大的责任心、辛勤的工作换来了正确的预报和一次次任务的顺利完成。陶诗言先后对两次原子弹试验和多次导弹试验做了完美的气象保障。

陶诗言不仅圆满地完成了"两弹"试验的气象保障任务，还培养了许多这方面的人才。陶诗言带了一位学生方宗义，作为他的助手一起做预报，后来一直跟随陶诗言做卫星气象学研究。在陶诗言的指导下，方宗义很快成长为本领域的专家。

陶诗言也为基地培育了一批年轻的军事气象科技人

员，使他们成为业务上可靠的接班人，如今他们都已成为特种部队气象部门的高级指挥员。陶诗言的辛勤工作得到了基地领导和广大指战员的高度肯定，1965年5月，陶诗言荣立一次二等功，1966年记大功一次。

气象卫星数据的接收与应用

陶诗言是我国卫星气象学，特别是气象卫星资料在天气分析和预报中的应用这一领域的开拓者，他填补了中国卫星气象学的空白。1958年，美国发射的人造卫星开始携带气象仪器，1960年4月1日，美国发射了第一颗气象卫星泰罗斯1号（TIROS-1）。20世纪60年代末到70年代初，国际气象界开始将气象卫星资料应用于天气分析和预报，开辟了新的气象研究领域。1969年年初，我国南方雨雪冰冻灾害导致通信、交通中断，大范围农作物和人员受灾。周恩来总理听取气象工作汇报后明确提出，要搞我们自己的气象卫星。在我们的气象卫星上天之前，要接收和利用国外的气象卫星资料。

陶诗言在为军事气象保障的基础上，根据国家需要，率先投入这项研究工作。卫星气象学是陶诗言年届50才开始步入的新领域，他在这一领域的开拓性业绩反映了其不断攀登的创新精神。他领导我国气象学界及时开展了卫星云图的应用研究，卫星云图很快成为我国天气预报和研究工作的重要手段，同时开辟了新的气象研究领域。

20世纪60年代，陶诗言发现，一些先进国家已成功地将气象卫星资料应用于大气分析和天气预报，为了填补我国这一领域的空白，他带领研究组潜心钻研，努力实践。在仿制出自动图片传送系统（APT）、甚高分辨率辐射计（VHRR）、泰罗斯–N（TIROS–N）三代美国气象卫星云图接收设备和日本地球同步卫星云图接收设备的基础上，又开拓卫星资料的应用，从而提高了天气预报水平，特别是大大提高了我国短期预报的水平。

在陶诗言的指导和带动下，我国从1969年开始将气象卫星资料用于天气分析和预报。各省都有自动图片传送系统接收站。大多数自动图片传送系统接收站接收泰罗斯–N卫星的低分辨扫描辐射仪云图，有几个站接收日本地球静止气象卫星云图，中央气象台还接收由华盛顿世界气象中心和日本气象厅发送的太平洋的卫星探空和测风资料。

1970年以后，周恩来总理要求加强接收美国的气象卫星图片，由陶诗言主持这项工作。陶诗言作为技术指导，研究组包括丁一汇、方宗义（组长）、曾庆存、李崇银、黄荣辉等，还有一个技术组研究如何制造这个接收仪器。研究组工作很有成效，通过五年的艰苦研究，设计和制造了接收美国气象卫星的全套设备，还在全国建立了120个接收站。能够把美国气象卫星的全部数据都接收下来，并且研究了怎样分析这些数据，总结出来一套方法。在陶诗言的带领下，中国科学院大气物理研究所研制成功了HRPT接收设备。1977年，日本的静止气象卫星GMS-1发射成功，中国科学院大气物理研究所又研制了相应的针对VISSR的接收设备。面对这些新的卫星探测信息，陶诗言指导科研人员开展了卫星测温、测湿资料的应用研究，高频次静止卫星资料用于台风、热带天气系统、暴雨和强对流等天气系统的监测、分析等。

陶诗言谦虚地说："这个卫星接收设备很简单，其实也没什么，由于'文化大革命'中有关研究受到干扰，我们看到美国天气预报员都用卫星云图做预报，就想是否可以把其卫星数据接收下来。美国没有保密，我们最后研究出了卫星接收设备，并且可以接收卫星图片。这些图片对美国来说很普通，但是对我们是很宝贵的。我们把卫星云图接收到了，然后研究怎么用到气象预报中，后来又在中央气象台试用，效果很好。"

接收到国外气象卫星资料后，陶诗言及其领导的研究组对其进行了研究，尤其是卫星云图在我国天气分析和预报中的有关应用问题。陶诗言首先发展了一套识别天气系统的方法。在这个基础上重点研究了台风、中尺度系统和高原天气系统问题。过去由于热带海洋和高原地区地面资料缺乏，对于这些地区天气系统的生消、发展和移动了解甚少或者不完善。利用卫星云图可以清楚而及时地发现和监测这些天气系统的产生与演变，因而发现了不少新的观测事实，例如台风发展的云系特征、热带云涌现象中尺度对流云团的云系特征等。陶诗言带领研究组根据大量台风云系演变的研究，发展了一套利用卫星云图预报台风发生发展的方法，这个方法已在我国气象业务部门中使用，是一种有效的参考工具。到20世纪80年代后期，国内在省市级以上的气象台都建立了卫星云图分析和应用业务，他们使用的原理和方法主要是陶诗言和他的研究组提出和发展的。

为把气象卫星资料尽快应用于我国气象业务，陶诗言把卫星接收设备无偿搬到中央气象台供使用。在陶诗言的建议下，中央气象局、中央气象台建立了卫星云图联合分析和应用组，由中国科学院大气物理研究所、北京大学地球物理系、中央气象台和701卫星气象中心的十几位专家组成，丁一汇任组长。陶诗言指导这个研究组取得了一系列成果。陶诗言与年轻同志一起参加汛期的天气会商，与预报员一起开展针对中国天气的合作研究，还把卫星接收设备安装到福建省气象局监测预报台风，与预报员一起研究台风的定位、强度估计和路径预报。

卫星云图对天气预报的作用在中央气象局系统很快显现出来。大多数天气预报部门的预报员在做短期预报时，常常参考卫星云图资料。根据使用气象卫星资料的经验，预报员认为卫星资料对于改善天气分析和预报是很有用处的，大大降低了预报工作量，提高了工作效率，尤其是在西藏高原和我国邻近海域，卫星资料是天气分析和预报的重要工具。当时空军的领导曾经将接收到的卫星云图呈送周恩来总理审阅，这从侧面反映了陶诗言的研究在当时的战略意义。

陶诗言带领大家继续对卫星云图进行深入研究，研究包括卫星云图定位和镶拼、图像基本特征识别（海、陆区分，不同地表）、云的分析识别（高、中、低云）、云型和天气系统（带状、涡旋状、线状、细胞状）、中国主要天气系统的云型特征（锋压、蒙古气旋、高空冷涡、梅雨、台风和热带天气系统）等。在陶诗言的带领下，研究成果得以升华，于1971年由科学出版社出版了专著《卫星云图的接收和分析》。

20世纪70年代以后，国际上动力气象的理论和数值预报方法的研究成为主要趋势，陶诗言及其领导的研究小组研究了气象卫星资料在中国数值预报中的应用。陶诗言在领导研究工作的过程中，发现有必要建立一个系统的数据资料库，以利于科研活动的顺利开展，他提议有出国机会的学者注意收集国外的有关数据，许多出国归来的学者在他的影响下，都将所带回的气象资料贡献给这个数据资料库。陶诗言关于中国的卫星接收图片，特别是关于青藏高原的卫星接收图片引起美国学者的兴趣，并来信索要，可见陶诗言的工作在当时就有很高的学术价值。

回忆这段历史时，陶诗言认为，美国是最早把气象卫星资料用于天气分析，中国紧紧跟随世界最先进的气象发展趋势。陶诗言说："自己搞卫星也是形势造就，'文化大革命'开始后，因为搞军事气象保障，没有受到冲击，相对于经常受运动干扰的科学家来说，我们属于逍遥派。但是原先一些研究方向也受到了一些影响。"陶诗言在"文化大革命"中并没有耽误学术研究，反而取得了突出的成绩。陶诗言对于卫星资料分析和应用工作的开展,为我国卫星气象学的发展起了很大的推动作用,也为我国天气分析和天气预报水平的提高作出了积极贡献。

202训练班

为进一步推广陶诗言在卫星云图方面的有效成果,中央气象局决定举办训练班,在全国预报员中普及卫星资料的使用方法。陶诗言为当时新建的100多个台站和有关单位的卫星接收、天气分析人员讲解了基本应用技术,为我国培养了第一代能够使用卫星资料的天气分析人员。这种卫星云图预报方法很快就在全国推广,已成为气象预报中很普遍的方法。陶诗言为了更大范围地推广这项技术,实行研究、教学和业务的紧密结合,在未名湖畔建立APT联合接收应用组,不久又将中国科学院大气物理研究所、北京大学地球物理系与中央气象台以及701卫星气象中心的研究、教学和业务气象人员紧密结合在一起,成立联合研究应用组,开展研究工作。1972年,中央气象局与北京大学联合举办卫星资料接收应用培训班,希望把卫星气象推广到全国,当时把部队中海军、空军、陆军气象技术人员都召集来了,为保密起见,称作202训练班。1973年11月在武汉召开了第一次全国性的气象卫星云图接收应用会议，1974年陶诗言赴国防科委21基地为军队举办卫星资料应用培训班。

为服务国防，陶诗言指导研究组把卫星云图和天气系统联系起来，第一步就是将卫星云图图像和天气系统结合起来，然后确定怎样表征天气系统的发展，从云图上怎么辨别。陶诗言当时设想，一旦打仗，地面气象观测资料得不到，而卫星上有资料，如果单用卫星云图能不能做天气预报。因此先要把天气图上的系统完全在卫星云图上描述出来，从而观察怎么发展、怎么演变。

为填补气象卫星云图应用于日常的天气预报业务这项国内空白，陶诗言组织队伍编纂了《卫星云图使用手册》，1975年由农业出版社出版，作为中国科学院大气物理研究所、中央气象台和北京大学专家联合研究的初步总结。全书共分六章，对影响我国主要天气系统的云型特征及其演变作了全面的总结和论述。分别阐述了电视云图和扫描辐射云图的特点、云图识别的方法、中纬度系统的云图特征、高原的云图分析、低纬度的云图分析，以及其他各种云图的介绍等。《卫星云图使用手册》对预报员起到了重要的指导作用。

由于气象卫星资料在日常业务中获得应用，明显提高了我国短期预报，特别是台风和其他灾害性天气预报的水平。这一开拓性的研究，不仅大大提高了我国天气分析和预报水平，还为我国卫星气象学的发展起到了积极推动作用。时任国家气象局局长邹竞蒙指出，早在20世纪70年代初，陶诗言首先在我国进行了卫星云图分析运用的开创性研究工作，使我们对台风、暴雨等灾害性天气的监测预报水平有了明显的提高。

陶诗言和他指导的研究集体在卫星气象学这一领域继续进行了多方面的研究，包括大尺度天气系统的卫星云图特征、热带气旋的监测和分析研究、热带天气系统和热带环流分析研究、降水分析和预报研究、中尺度强对流天气系统分析和卫星资料在数值预报中的应用研究等方面，成为我国在这一领域所取得的重要成果。卫星资料分析和应用工作的开展，为我国卫星气象学的发展和学科建设起到了很大的推动作用，也为我国天气分析和天气预报水平的提高作出了积极贡献。

1978年3月18日，全国科学大会在北京举行。大会通过了《1978—1985年全国科学技术发展规划纲要（草案）》，表彰了先进集体、先进工作者和优秀科技成果。陶诗言因为"东亚大气环流"和气象卫星云图接收设备的研制与分析应用等，与叶笃正、曾庆存一起参加全国科学大会并获得先进个人奖。

陶诗言关于卫星气象学方面的成果还于1982年获得国家科学技术委员会和国家农业委员会的科学技术成果推广应用奖，1985年获得国家科学技术进步奖三等奖，1987年获得国家自然科学奖三等奖。

陶诗言推动了我国的气象卫星和卫星气象事业发展，并且都得到了国内外的认可。从20世纪70年代后期到90年代，陶诗言多次作为特邀专家出席了我国气象卫星的总体发展研讨会。作为一名气象专家，陶诗言从气象卫星资料应用的角度对我国的气象卫星发展、气象卫星上应该有什么样的遥感探测器等方面提出了许多真知灼见，并发挥了重要作用。80年代开始的很长一段时间，陶诗言一直担任国家卫星气象中心的顾问，对卫星气象中心的建设和发展提出了许多宝贵的意见。

学术高峰之中国暴雨研究

陶诗言对中国暴雨的研究和预报作出了杰出贡献，是我国现代暴雨研究的主要学术带头人和开拓者之一。20世纪70年代中期到80年代，陶诗言系统研究中国暴雨的活动规律、机制和预报，提出了暴雨形成过程中多尺度相互作用的概念及暴雨落区预报方法，撰写了《中国之暴雨》专著，这些研究工作对中国天气预报有重要的指导作用。

对中国暴雨机理的深入分析

我国是个多暴雨的国家，暴雨常常带来严重的洪水灾害。中华人民共和国成立以来发生的1954年长江大水、1958年黄河大水、1963年海河大水、1975年淮河大水都是由持续性的强暴雨造成的。我国地处东亚地区，每年夏季深受夏季风的影响，活跃的季风可以到达华北、西北，甚至东北地区。环流背景加上我国复杂的地形作用，使得我国经常出现强暴雨。造成我国暴雨的天气系统很多，有台风、冷锋、低涡、高空槽、切变线、副热带高压北侧的湿舌区等，其中尤以台风造成的暴雨影响最大，当台风与中纬度天气系统相互结合时造成的暴雨最强烈。这和美国以局地强对流天气（龙卷风、雷暴等）为主的情况有明显的差异。

陶诗言始终把自己的研究工作和国家需求紧密结合起来。多年来，陶诗言一直致力于中国暴雨的研究。利用稀少的东亚地面资料，陶诗言分析了1931年7月长江中下游的大暴雨（雨日超过25天），指出有六次低气压在长江中下游生成并向东移动，情况与1954年特大暴雨类似。陶诗言还仔细分析了1935年7月上旬发生在长江中游的五峰暴雨的成因，这次暴雨五天过程总雨量达1200毫米。陶诗言对造成这次持续性大暴雨的原因进行了深入分析。

20世纪50年代后期，陶诗言认识到夏季降水是关系到中国国民经济的重大问题，并发表了系列论文。1958年，陶诗言、赵煜佳、陈晓敏出版了《中国的梅雨》，论述了梅雨的研究成果，也包括梅雨期暴雨的研究。

20世纪60年代后期，陶诗言注意到台风的移动和形成机制，进行了副热带高压及副热带天气学的研究。在这些工作的基础上，一系列有关暴雨的研究工作得以深入开展。在暴雨研究和业务预报建立的每一过程中，陶诗言以其渊博的知识、丰富的经验在许多方面作出了重大贡献。为解决中国暴雨的重要问题，陶诗言经常出席各种国内暴雨会议和参加各种暴雨的研究计划，起着重要的导向作用。陶诗言坚持理论联系实际，始终站在国内外暴雨研究和预报发展的最前沿，在国内外气象界有着很高的声誉。

陶诗言针对我国暴雨灾害的严重性，对暴雨以及中、小尺度系统的天气学特征及动力学进行了系统而全面的暴雨机理研究，大大提高了对我国暴雨系统的认识。陶诗言在总结暴雨环流型时指出，在经向环流下持续性特大暴雨环流型的基本特点是日本海高压和青藏高压稳定对峙，冷空气不断沿贝加尔湖高压前部流入两高压之间的高空槽或切变线中；在纬向环流下持续性暴雨的环流型的基本特点是，从宽广的西伯利亚低槽中分裂东南下的冷空气与副热带高压西侧的暖湿气流不断交绥，形成持续性强暴雨。

对于暴雨发生的物理条件，陶诗言认为暴雨和强对流天气与其环境条件（包括热力的和动力的）有密切的关系。大尺度环境条件不但制约了暴雨和强对流天气的性质和演变过程，而且影响对流系统内部的结构、强度、运动和组织程度。在大尺度环境中，有组织地对流系统不是随机发生和分布的，而是出现在特定的地区和时间内，这也是进行中尺度暴雨天气预报的依据。暴雨和强对流系统与大尺度环境条件之间在其发展的不同阶段，其相互依赖和相互作用的程度是不同的。在发生和初期发展时期，主要决定于大尺度环境条件的作用，但是暴雨和强对流系统得到强烈发展后，大尺度环境条件不但失去了对其制约的作用，反而会受到对流风暴的影响。

暴雨系统内的三维气流结构对于了解暴雨的形成很重要。陶诗言在《暴雨和强对流天气的研究》中，根据对我国一些暴雨系统二维气流结构的研究，概括出五种环流结构。

第一种是台风暴雨的环流结构。暴雨发生最有利的地区是在台风环流的东侧或东北侧。如果大形势稳定，就可造成持续性强暴雨，如果高层的辐散环流不存在或转变为辐合外流，则暴雨常常受到抑制，只能引起短时期的强暴雨。

第二种环流结构的基本特征是低层为低涡系统，高层有明显的反气旋环流。这种低空辐合、高空辐散的形势有利于暴雨区强对流的持续出现。这种环流型常出现在华南前汛期暴雨中。

第三种是与北方低槽冷锋暴雨相联系的垂直环流圈。在垂直于冷锋的剖面上围绕着暴雨区有两个明显的环流圈。这种冷锋的强暴雨或强对流活动主要出现在锋前的强上升气流中。华北夏季的急行冷锋常常是这种情况。

第四种是代表江淮梅雨期和华南准静止锋暴雨的垂直环流结构。华南准静止锋暴雨的垂直环流与江淮梅雨的结构很相似，主要也是有沿中低层锋面斜升的强位势不稳定气流。

第五种是与暖切变线相联系的垂直环流。由于在切变线附近风向辐合最强烈，存在着强烈的上升气流。一般切变线是近于垂直的，暴雨和强对流就出现在切变线附近。

气象学界普遍认为陶诗言在中国暴雨研究方面的主要贡献表现在：第一，从东亚大型天气过程和亚洲季风的变化研究了长江流域梅雨的形成和演变；第二，研究我国历史上大暴雨的个例，尤其是持续性成灾大暴雨，并提出了暴雨形成过程中多尺度相互作用的概念；第三，提出了暴雨落区的预报方法，目前成为我国气象业务中暴雨预报的重要方法之一；第四，主编了《中国之暴雨》一书，系统而深入地总结了中国暴雨的一些主要问题，为推动中国暴雨的研究作出了重大贡献。

陶诗言对暴雨的研究和分析深刻而细微，他仿佛是天生的暴雨专家，对中国暴雨有着特殊的理解和研究，其研究深度与精辟分析常常令气象界同行叹为观止。陶诗言对中国暴雨的研究不但具有极高的理论价值，而且可以直接指导天气预报，具有重要的应用价值。中国暴雨与中国的地形与空间结构密切相关，中国暴雨的特点与世界其他地方不见得完全相符，这是陶诗言对中国本土特色的大气科学的又一重大贡献。

"75·8"暴雨大会战

1975年8月上旬，在河南省南部淮河上游丘陵地区发生了特大暴雨，8月4—8日，暴雨中心最大过程雨量达1631毫米，最强大的雨带位于伏牛山脉的迎风面，超过400毫米的降雨面积达19410平方千米。这是百年不遇的大洪水，一次台风北上引发的罕见暴雨而产生的巨大灾难，包括板桥水库等数十座水库群集体垮塌，京汉铁路中断，数百万人突然陷入困境，牲畜、房屋、庄稼等损失不计其数。"75·8"河南特大暴雨给了全国气象界以极大的震动。不久，国内组织会战研究这次暴雨。1976年从春到夏，陶诗言带领大气物理研究所数名研究人员参加了"75·8"河南特大暴雨的会战研究，暴雨研究组多次深入现场研究华南、华中暴雨。

陶诗言和谢义炳等人投身到这场由中国科学院、国家气象局和各有关大专院校联合发起的大规模暴雨会战。当时主要在南京、郑州和北京组织会战。在南京和郑州两个会战的工作中，陶诗言和程纯枢等人一起对这次暴雨进行了深入分析，陶诗言善于从复杂的现象抓住本质，其犀利的眼光很快弄清了这场大暴雨发生的原因和条件。

接到会战任务后，陶诗言马上到河南现场考察，他说："当时状况非常惨，现场什么都没了，一切荡然无存。洪水一直淹到高压线，水库大坝整个冲垮，死了很多人。"陶诗言带着丁一汇到现场考察了多次，两人住在现场附近进行研究，物质条件贫乏，无论吃的、住的都很艰苦，一人一张很小的床铺。当时正处在"文化大革命"时期，食堂里天天吃同样的食物，最好的伙食就是韭菜包子。他们日夜研究，暴雨预报的"落区法"就是那时候研究出来的。所谓"落区法"就是找一些指标性的特征线，这些特征线可能是决定暴雨的重要因素，然后把它们共同包围的地区划出来，也就是把潜在的暴雨发生区确定出来，实际上这就是后来的配料法。

关于配料法，陶诗言说："配料法是这样子，暴雨发生一定要抓住几个主要条件，一定要水热适度，水汽充分等。如同炒一个菜要有料，几个基本的配料你抓住它，菜就好炒了。做预报的时候就紧紧抓住这几个料，看它怎么发展，这个就是配料法。这不是我首先提的，外国也有这个提法,英文叫 Ingredients Method。我们国家的暴雨预报并不是像教科书上这样典型的形势,气压非常小。所以要根据实际情况做预报,这个方法就是配料,你不要管形势如何,一定要有上升运动,要有水汽,而且下雨的时间要长,这个时候才能下大暴雨。"

陶诗言在南京会战的两三个月时间,研究组都是军事化管理,早晨起床还吹号并集体锻炼。当时暴雨会战研究组的同事们都很尊重陶诗言,虽然生活条件不好,但是研究组战斗热情高昂,大家都希望早日研究出成果,可以为国家减少灾害损失。因为有军队的人参与会战研究,就把战士派出去收集所有的水文资料和气象资料,军内军外的资料都收集全了,在天气图上分析雨团怎么移动,都标上号,非常清楚。陶诗言整天都跟研究组的成员一起画图并分析天气图,遇到问题一起讨论。

研究组有 30 多个人,陶诗言发挥了核心的指导作用。首先他认为要把天气模型做出来,指导研究组分析特大暴雨的案例,一定要抓特大的案例。陶诗言让研究组将 1931—1975 年中国历史上所有的特大暴雨分析清楚,把最重要、最厉害的暴雨发生的历史搞清楚。研究组根据陶诗言的指导仔细分析历史上特大暴雨个例,研究了几十个历史上各地的特大暴雨,为了找这些资料,研究组跑遍了各家单位,如清华大学、水利部等。

陶诗言研究得出这次特大暴雨是发生在多尺度作用之下的。多尺度,第一是行星环流的尺度,第二是天气尺度的变化,第三是中尺度,第四是积云尺度,这四种尺度相互作用,最终产生了"75·8"大暴雨。当时多尺度思想国内没有很明确的认识,对暴雨的认识很肤浅,认为就是天气系统,这个天气系统是中尺度产生的。陶诗言研究指出"75·8"大暴雨是多尺度综合产生的,这个观点陶诗言当时论述得非常清楚,因为他分析了很多雨团和资料,论据充分。

陶诗言通过分析中国历史上近50年来所发生的大暴雨个例,指出暴雨虽然是一种中尺度现象,但不同尺度之间有复杂的相互作用。这使整个暴雨系统能继续维持或加强。他对中国历史上持续性暴雨成因做了很深入的解释,例如对于1954年夏造成长江大洪水的持续性暴雨,他发现是由七个扰动从西向东连续通过长江流域造成的。在此期间,北半球环流形势非常稳定,也就是说,一些主要的高空槽脊系统是持续地出现在某些特定地区的,在这种情况下,地面上的锋带和降雨带便有集中和稳定的趋势,因而引起严重的持续性暴雨和洪涝。

这个观点后来被广泛应用于我国许多大暴雨的分析。此外，陶诗言还十分重视暴雨中的中小尺度系统与大尺度基本气流的关系、地形的作用以及落区预报方法等问题。这些结果都总结在由他主编的《中国之暴雨》一书中。

丁一汇后来评价这次研究时说："一个最大的成功我觉得就是落区法，至于机理的问题，那个时候陶诗言就开始认识到这个暴雨是发生在多尺度作用之下。多尺度，首先是行星环流的背景，然后是天气尺度的变化，中心是中尺度，最后是积云尺度的，这四种尺度是相互作用的，因此才产生了'75·8'大暴雨。"

《中国之暴雨》

"75·8"暴雨大会战之后，陶诗言对暴雨的研究一直持续着。1975—1979年，陶诗言整整研究了五年，虽然很辛苦，但研究非常有成效。为提高长期天气和短期暴雨预报水平，陶诗言撰写了暴雨研究专著《中国之暴雨》，对20世纪的多次大暴雨进行了系统深入的研究。

在陶诗言主编的《中国之暴雨》一书中，对我国暴雨做了全面深入的分析研究，系统总结了暴雨天气类型、暴雨发生的机制和预报方法，有力地推动了全国暴雨分析研究和预报水平。该书是国内第一本系统总结中国暴雨的专著，对我国暴雨的一些主要问题做了专门的论述，包括许多最新的研究成果和内容。如我国暴雨的气候学、暴雨的基本形成条件、大尺度环流背景、暴雨内中尺度系统的活动、造成暴雨的主要天气尺度系统及暴雨的分析和预报方法等，尤其对历史上引起我国严重洪水灾害的十几次特大暴雨的成因作了重点介绍。对于低空急流和暴雨中各种尺度的相互作用问题也做了专门的讨论。

陶诗言在书中指出，暴雨虽然是中尺度现象，却是几种不同尺度的天气系统相互作用的结果。造成暴雨的天气系统是25—250千米的中尺度系统，它对暴雨有两个作用：第一，产生强上升运动，水汽通量辐合和明显的位势不稳定层，其强度一般要比天气尺度大一个量级；第二，对积云对流活动起明显的组织与增强作用。在25—50千米的中尺度系统中包含有几个长度为2.5—25千米的积雨云，暴雨是从这种积雨云中落下来的，而25—250千米中尺度系统是在尺度250—2000千米的系统里生成的。陶诗言在书中还强调了暴雨观测网的设计原则和外场试验的重要性。在后来的暴雨研究计划中，这些大部分都得到了实施。

陶诗言的《中国之暴雨》对指导全国的暴雨研究起到了重要作用。陶诗言发现当北半球环流形势非常稳定时，地面上的锋带和气旋路径以及降雨带便有集中和稳定的趋势，因而引起严重的持续性暴雨和洪涝灾害。陶诗言进一步指出，东亚季风区天气尺度环流系统时空位相锁定是江淮流域特大暴雨洪涝灾害的主要原因，并建立了东亚季风区北方冷空气、南方暖湿气流、东部副热带高压及西部青藏高原低涡演变的天气学概念模型，这些天气学概念模型对夏季长江、淮河流域暴雨洪涝灾害预报有重要的指导作用。

在《中国之暴雨》中有很多创新，比如暴雨的反馈机制，就是说中尺度可以对天气尺度和大尺度进行反馈，当时有很多反馈的实例在这本书中的天气图上画了出来。反馈是指降水多了以后，高层一定会出现一个反气旋，这个反气旋一定会加强南北的气流，南北的气流加强以后，又增强了对流，这些过程在《中国之暴雨》中研究得非常清楚。现今一些学者在研究暴雨时提出的很多思想，当年陶诗言已经明确提出过。现今有学者也提出多尺度的概念，而在《中国之暴雨》中陶诗言明确指出大暴雨就是多尺度相互作用，完全是一个互相影响的回路。这是他们当年在南京会战时的研究结果。陶诗言对中国的持续性暴雨成因进行了深入研究，指出当高空槽脊系统持续出现在某些特定地区时，地面锋面和气旋路径以及降雨带便有集中和稳定的趋势，因而引起严重的持续性暴雨和洪涝。这个观点比美国气象学家提出的形成区域性暴雨的"集中机制"（focusing mechanism）早了好几年。

陶诗言在《中国之暴雨》中分析了中国历史上多次大暴雨的个例：1975年8月5—7日河南特大暴雨，1963年8月上旬河北省特大暴雨，1958年7月中旬黄河中游大暴雨，1977年8月上旬陕西、内蒙古交界地区特大暴雨，1977年7月5—6日陕西延安大暴雨，1977年8月下旬上海特大暴雨，1954年和1931年夏季江淮流域持续性梅雨暴雨，1935年7月的长江流域五峰大暴雨，1973年5月26—30日华南前汛期大暴雨，1967年10月和1963年9月台湾地区特大暴雨。通过对上述大暴雨的分析，他指出暴雨不同尺度之间有着复杂的相互作用，用现代的理论表述，即存在着复杂的多尺度相互作用过程。大系统孕育和制约小系统的发生与发展；小系统产生以后能成长壮大，反过来又能对大系统起作用，这使整个暴雨系统能继续维持或加强。

1980年，陶诗言对暴雨的研究成果在《中国日报》

上进行了报道。他的学生和同事都催着陶诗言报奖，陶诗言觉得《中国之暴雨》是一个集体研究的成果，坚决不同意报国家奖。他当时认为工作做得还不够，虽然在中国做得比较早，但是暴雨的问题非常复杂，因此想继续做一段时间再看看。《中国之暴雨》具有较高的科学水平和广泛的影响，其研究成果在1992年被评为中国科学院自然科学奖一等奖。《中国之暴雨》影响深远，使得有中国特色的暴雨研究一直处于国际先进行列。

关注暴雨的后续研究

暴雨大会战之后，陶诗言继续对暴雨进行研究。在中尺度天气系统与暴雨的关系方面，陶诗言继续作了大量的探索，有着精辟的论述和独到的创见。正因为陶诗言在暴雨方面的重要贡献，他关于暴雨方面的讲义经常被有关部门翻印。比如1977年4月，黄河中游暴雨预报科研协作小组在郑州进行"58·7"黄河暴雨分析会战，陶诗言的专题报告被河南省气象局油印出版，后又被黄河水利委员会翻印，可见陶诗言关于暴雨研究的理论和成果在当时影响巨大。

在研究中尺度系统的生成环境时，陶诗言提出了高温、高湿层结不稳定、大尺度的气旋涡度、有利的垂直风切变等是中尺度天气系统生成的最有利环境。在谈到中尺度系统生成的触发因素时，陶诗言概括出暴雨区内的中尺度系统演变模式，第一次明确提出了暴雨发生的触发机制。陶诗言指出锋面抬升、露点抬升、低空急流的抬升、地形抬升、重力波抬升等八个因素都能触发中尺度系统的生成。他还专门研究了暴雨同中小尺度天气系统的关系，中间尺度天气系统与暴雨的关系，次天气尺度低空急流与暴雨的关系，中小尺度天气系统与暴雨的关系，以及低涡暴雨和台风暴雨中的中尺度系统等，并建立了中尺度天气概念模型。

陶诗言根据1953—1977年我国的大暴雨资料研究了中国大暴雨的分布特征，指出我国是多暴雨的区域，24小时降水量接近或超过1000毫米的大暴雨，不仅在沿海地区，在内陆地区也出现过。从辽东半岛南部起，沿着燕山、阴山、经河套、关中、四川到两广，在这条线以南以东都是容易出现大暴雨的地区。大暴雨主要出现在三个东西向的带上，一是华南，二是长江流域，三是华北地区，这与静止锋季节北移和停滞的位置一致。在长江到华南沿海地区的中间，是一条暴雨活动相对弱一些的地区。陶诗言解释为：第一，从西藏高原移出的中间尺度扰动大多数沿长江、淮河流域东移，有一些向东北方向移到华北，所以长江以南地区地面低气压活动甚少。第二，东亚大气环流的季节变化是有规律的，4—5月是华南前汛期暴雨时期，静止锋停留在华南。6—7月梅雨锋向北跃进到长江流域，锋面在长江以南到南岭以北的地带中停滞的机会比较少，这与高空急流和副热带高压的北跳有密切关系。

根据上述研究，陶诗言在1980年左右总结出我国持续性大暴雨的三个基本条件。

一是大形势稳定。在大形势稳定条件下，经常在两个天气尺度的降水系统相通时，它们的移速减慢或者停滞少动。这样，在这相遇的地区维持着提供中尺度上升运行的背景，使得在这个地区内有多次中尺度降水系统发生或者有某个中尺度系统持久存在着。

二是水汽的输送和辐合。假如没有周围大气向暴雨区输送水汽，只考虑气柱内的含水（水汽）量，全部凝结造成的可降水量不超过75毫米。因此持久性的暴雨要求天气尺度系统有源源不断的水汽输送，以补充暴雨发生所造成气柱内的水汽损耗。实际上，持续性的暴雨发生时，经常存在一支天气尺度的低空急流，它将暴雨区外围的水汽迅速向暴雨区集中，陶诗言称之为供应暴雨所需要的"燃料"。

三是对流不稳定能量的释放和再生。强对流的发生需要有不稳定层结，一旦强对流发展后，大气中的不稳定能量就迅速释放，层结趋于中性，使对流不能进一步得到发展，要使暴雨持久，就要求在暴雨区有位势不稳定层结不断重建的机制。位势不稳定层结建立的形式是多种多样的。对暴雨过程来说，低空非常暖湿的空气的流入是很重要的。对流层中上部冷干空气的进入并不必要，一般弱的冷干平流较为有利，而强的冷干平流对暴雨并不利。有时只有低空的暖湿平流，即使没有高空的冷干平流，也可以重建位势不稳定层结。在天气尺度低空急流的左前方，一方面引起暴雨区水汽的输送和辐合，另一方面也促进对流不断再生。

陶诗言在后半生继续研究暴雨，并且取得了很好的研究成果。在论梅雨的年际变异研究中，陶诗言指出长江中、下游梅雨期降水的年际变异，这种年际变异受到亚欧大陆大气环流变化、菲律宾以东热带洋面下垫面强迫以及冬季亚欧大陆北纬52°以南积雪面积大小的影响。做梅雨期降水的长期预报时，热带和中、高纬下边界面的强迫作用值得重视。

在夏季中国南方流域性致洪暴雨与季风涌的关系

研究中，陶诗言等通过对20世纪90年代三次江淮致洪暴雨（1991年、1996年和1998年）的多尺度条件分析，概括出江淮流域致洪暴雨的天气学模型。1998年夏季，长江中游出现严重洪涝灾害，陶诗言认为厄尔尼诺事件为这次长江流域夏季洪涝提供了气候背景。在梅雨前期江南出现7个月的多雨期，这使得梅雨开始时暴雨区的土壤水分接近饱和，江河湖的水位很高。梅雨期出现强降水后，大量雨水只能涌向河流，使得江河泛滥；土壤水分饱和也使得暴雨区的水分内循环增强。在著作《1998夏季中国暴雨的形成机理与预报研究》中，陶诗言等人对1998年夏季中国暴雨的形成机理与预报进行了综合性的研究，对1998年洪涝的灾情和降水情况、大暴雨的大尺度大气环流特征和副热带高压异常变化等作了深入分析。

在2004年出版的陶诗言等人撰写的《长江流域梅雨锋暴雨灾害研究》一书中，利用1960—1996年逐日降水资料，陶诗言仔细分析了中国地区气候状态下的降水时空分布，指出我国东部地区降水随季节的变化性与西太平洋副热带高压的进退、梅雨锋、西风带和季风涌的活动有很大关系；分析了梅雨锋上的三类暴雨，梅雨锋的动力、热力结构等。

黄士松对陶诗言的暴雨研究方面的成就评价很高。他说:"陶诗言的工作都是深入的、有开创性的,如对雷雨的看法、对寒潮、对中国的暴雨看法,无论南方、北方,他研究得比较系统,做得很细致,比较深刻,发散思维比较多,这方面的研究,后面一些做此类工作的人很受他的启发。像做暴雨,很多人都是跟他一起做的。"

东亚季风：指引研究方向

20世纪70年代以后，气候变化和季风研究成为国际上大气科学的热点。陶诗言关于东亚季风系统的研究推翻了过去气象界认为亚洲夏季风同属于一个季风环流系统的学术观点，提出亚洲季风分为印度季风和东亚季风两个独立子系统，但两者相互联系。此学术观点得到国际大气科学界的公认。

提出东亚季风系统的重要概念

陶诗言是我国现代季风研究的开拓者和奠基人，对于东亚季风研究作出了重大贡献。东亚季风问题是陶诗言长期以来致力研究的课题之一。早在20世纪50年代，他已注意到夏季风的活动及其对中国旱涝的影响。在50年代后期，陶诗言首创东亚季风环流突变的概念，研究了亚洲夏季风爆发与中国梅雨的关系。70年代以后，气候变化和季风研究成为国际大气科学界研究的热点。陶诗言与各国同行密切合作，在这一领域取得了丰硕的成果。

南亚季风和东亚季风形成世界上最强的亚洲季风系统，国际上许多学者认为它们同属一个季风系统。1980年，陶诗言和陈隆勋、樊平等人发起并组织了东南亚夏季风研究计划。陶诗言和陈隆勋共同研究了东亚季风系统的特征，发现它是一个与印度季风系统既相互关联又有明显差异的独立季风系统，并且是由单独的热源热汇区所推动。陶诗言发现东亚夏季风的爆发和推进要早于印度夏季风的爆发和推进，平均为一个多月。这一结果已被大气环流数值试验所证实，修正了过去气象界认为整个亚洲南部从印度、中国到日本都属于同一个夏季风环流系统（即印度季风系统）的学术观点，明确提出亚洲季风分为印度季风和东亚季风（包括中国和日本）两个独立子系统，但二者又相互联系的学术观点。东亚季风系统是一个与印度季风环流系统相对独立的环流系统，它不仅受到印度西南季风气流的影响，还受到副热带高压和中纬度扰动系统的影响。

季风系统中的印度季风是热带季风，对中温带的影响很小，海陆温差大，因为在其西北被喜马拉雅山挡住，印度季风爆发不到一个月，影响范围就全部覆盖印度全境。东亚季风不一样，从5月底季风爆发，到中国华北要到7月中旬以后，差不多两个月的时间，东亚季风一步步移动。陶诗言因此认为中国是受到了另外一个季风系统的影响，所以他提出了东亚季风系统的概念。陶诗言指出，东亚季风与印度季风是不一样的季风系统，一些教科书上套用印度季风的概念来表征中国的季风是不妥当的。东亚季风概念的提出对提高预报准确率有很大帮助，因为它更针对我们国家的实情。

东亚季风系统的重要概念指引了东亚季风研究的方向。随后陶诗言揭示了东亚季风环流与前期大气外部强迫因子（如海温、积雪等）异常的响应机制，推进了季风研究的深化，为东亚季风环流预测及我国短期气候预测奠定了理论基础。陶诗言等人提出的这个看法越来越得到国际季风学者的重视和支持。

东亚季风爆发的日期也是陶诗言最早提出的，他指出在厄尔尼诺和南方涛动冷暖期，冬春季南亚上空西风带位置及西风扰动的异常，造成冬春季南亚大陆降水或降雪的多寡，改变了春夏季南亚大陆土壤水分含量与土壤热容量，使得夏季南亚大陆与其南面海洋之间热力对比发生变化，造成夏季风强弱变化。陶诗言从物理机制上揭示了东亚季风环流演变过程中，海洋与大气、陆面与大气相互作用及其反馈过程，促进了大气学科及其交叉学科的发展，并为我国短期气候预测及东亚季风环流预测奠定了理论基础。

谈及东亚季风系统概念，陶诗言说："美国要同我们合作搞季风研究的时候，我通过这次合作明确提出东亚季风系统的概念。这个成果没有什么了不起的。现在这个概念已经用到业务中了,每年国家气候中心会商就会谈到南海季风爆发的问题,南海季风会商每年就研究这个,大概有 15 年了。季风的概念最明显的是印度季风,我们这里不能套用印度季风,要用我们自己的概念,现在我搞了这么多年的东亚季风研究,解决了很大问题,每年季风爆发会商我也去。当时作为阶段性研究成果,在那个时候我提出东亚季风系统算是一个比较好的创见,但是以后真的还有好多路要走。"

陶诗言在东亚季风方面的研究还包括:东亚夏季风系统的平均结构及其与印度季风系统的异同,东亚夏季风的经向环流,东亚夏季风的年际变化与季内变化,青藏高原与热带西太平洋对东亚季风变化的动力、热力作用,东亚冬季风的变化及其对夏季风的影响以及东亚夏季风的模拟和可预测性等。陶诗言 1988 年的研究还表明,东亚季风系统成员在东亚的分布偏北或偏南会引起我国江淮流域、朝鲜半岛和日本的干旱或洪涝。

当时国际上只承认亚洲季风系统,陶诗言提出的东亚季风系统逐渐得到国际与国内学界的承认,因为东亚季风的爆发最早在南海附近,印度季风爆发是 6 月初,时间、地点都不完全一样。陶诗言关于季风研究的文章 *A Review of recent research on the East Asia summer monsoon in China* 发表在 *Monsoon Meteorology* 后，成为东亚季风研究领域的经典之作。

陶诗言在东亚季风领域作出了重大贡献，其中许多是具有突破性的进展，指引着后续研究方向。由于陶诗言提出的东亚季风系统的概念是针对我们国家的地形的，所以提高了中国的天气预报水平。通过陶诗言及他指导下的研究团队的努力，我国在关于东亚季风方面的研究取得了长足的进步，在国际上占有一席之地，大大促进了国际上关于季风的研究。

陶诗言一系列东亚季风研究领域的原创性科研成果得到了国际大气科学界的公认。东亚季风研究一方面拓展了世界范围内季风研究的领域的内容，另一方面成为中国大气科学本土特色的又一突出表现，陶诗言为丰富中国的大气科学研究作出了杰出贡献。

中方首席科学家

1977年以后，陶诗言作为联合国世界气象组织大气科学委员会中国首席代表和国际科联与联合国世界气象组织联合委员会委员多次出国访问，加强了我国和各国的学术交流。改革开放后，中国政府积极参加联合国的活动。中国气象学界在陶诗言的努力下，许多国际合作计划和项目得以形成和顺利进行。他还积极组织和指导了中国季风的研究,使中国的季风研究迅速赶上了国际先进水平。

1977—1986年,陶诗言担任联合国世界气象组织中国首席代表。对此他谦虚地说:"联合国有个天气研究委员会,每个国家都派一个代表团,每几年开一次会,那个时候中央气象局没找到合适人员,派我当首席代表,所以称我是外交科学家。主要的职责是与每个国家的代表聚在一起,讨论一下天气上的几个问题、预报上的几个问题等,还进行一些学术上的交流,比如怎么样提高天气预报,怎么样做气候预测,后来出现气候规划WCRP,考虑未来的气候预测等。"

由于陶诗言在气象学领域中的突出贡献和在我国气象学界中的崇高威望,从1982年开始,陶诗言任中-美东亚夏季风双边合作计划中方首席科学家,致力于东亚季风的研究,对东亚季风的形成和其年际变异有了新的认识。对于担任中-美东亚夏季风双边合作计划中方首席科学家,陶诗言总是谦虚地说:"那是国家的改革开放大时代背景造就的机遇。1978年以后正值'科学的春天',中国积极加强对外交流合作。1982年,美国提出要与中国进行科学合作,将农业和气象列为合作内容之一。美国的商务部部长来中国签署中美气象合作，中美合作中有一项是东亚季风研究。"季风合作从1982年一直持续到20世纪90年代，其间陶诗言三次到美国与美国同行合作研究季风，美方代表也三次来中国合作研究。

陶诗言指出，这是一项真正做科学研究的计划，美国帮助中国培训人员，共享资料，中国气象局也因此计划派一批又一批的学者到美国去学技术，受益匪浅。在这项研究计划中，陶诗言带领其他人取得了很多成果，比如陶诗言、何诗秀、杨祖芳在1983年发表的《1979年季风试验期间东亚地区夏季风爆发时期的观测研究》，分析了1979年季风试验期间5—7月从春到夏的季节转变过程，在亚洲南部和西北太平洋地区大范围夏季风爆发前高空西风急流有一次增强过程，并对此进行了研究。

中美季风研究合作很有成效，在十年的合作中，美国著名的季风专家当时几乎都参与了这个合作。美国气象局局长在合作十年总结中认为中美季风合作是中美合作中最有成就的一个。双方合作研究发表了很多文章，这些文章有的发表在美国期刊上，有的发表在中国的期刊上。促进了中国大气科学在这个领域整体水平的提高。陶诗言是这项合作的开创者和推动者之一,促进了中国大气科学在这个领域整体水平的提高。中美季风合作的良好发展也促进了中美其他方面合作的发展。

1985年,陶诗言作为中方负责人,与日本文部省签订季风合作计划,1998年后扩展成中、日、韩三国季风合作计划。1987年,陶诗言指出全球的季风气候区域主要位于东半球,从东经20°—160°的热带和亚热带范围内。季风气候的一个主要特点是有显著的年际变异性。由于年际变异性很大,在这些季风气候区域洪水和干旱灾害出现比较频繁,这种年际变异性的出现或是由于全球性的环流异常(如厄尔尼诺现象),或是由于中纬度环流异常,或是由于热带的环流异常所引起。这种异常表现在每个季风系统中各个成员的位置和强度每年有较大变动。1997年,陶诗言在《东亚季风与我国洪涝灾害》中指出,我国洪涝灾害大多数出现在夏季,并与东亚夏季风的活动有密切关系,严重的洪涝灾害多是由于东亚夏季风活动异常造成的。

国际大学者

陶诗言熟知国际大气学科发展的新动向,不失时机地抓住新的研究课题,组织力量攻关,开拓了一个又一个新的领域。

陶诗言对气象事业的贡献,得到了党和人民的信任和尊敬。陶诗言本人也逐渐成长为国际大学者。1978—1984年,陶诗言担任中国科学院大气物理研究所副所长、代所长。1980年当选为中国科学院学部委员。1978—1992年当选为第五届、第六届及第七届全国政协委员。他还担任多种学术职务,并长期任联合国世界气象组织大气科学委员会中国首席代表和国际科联与联合国世界气象组织委员等。陶诗言是《大气科学进展》《大气科学》《气象学报》等大气科学领域主要学术刊物的主编及编委。同时作为中国地理学会及中国环境科学学会的理事,担任《地理学报》《中国环境学报》的编委,以他的影响促进了气象界与其他相关学科的联系。

研究气象灾害的领军人物

20世纪末期,气象对经济社会造成的灾害影响越来越大,陶诗言时刻牢记气象要为国家服务的宗旨,与时俱进,在气象灾害和相关领域的研究上一直走在前列。从20世纪50年代的寒潮路径研究开始,陶诗言始终关注灾害天气与气候的研究内容,并取得了丰硕的成果。早在60年代他就指出环流稳定性对于干旱期和大水时期都是一个基本特征,而持续性异常环流主要决定于由外强迫因子制约的大尺度(北半球)加热场。这个观点对于气候预测具有指导性作用。陶诗言和高由禧等人的工作则为东亚地区短期气候的预测提供了天气气候学基础。陶诗言分析了夏季江淮流域持久性旱涝时期高空环流的特征,指出旱涝持续期间、中纬度和副热带地区500百帕高度场环流型式均表现出异常性及稳定性。陶诗言还关注台风对中国的影响,在《台风预报手册》中,陶诗言指出我国是世界上受台风侵袭较多国家之一,台风给人民生命财产带来灾害,台风的预报是沿海各气象台的重要任务。

洪涝灾害是对我国影响最大的灾害之一,我国由于自然灾害所造成的经济损失占当年国民生产总值的3%~6%,其中有30%~40%的经济损失是由水灾造成的,严重洪涝灾害的年份这个比例更大。如1991年全国洪涝灾害造成的直接经济损失达779亿元,占当年所有自然灾害造成的直接经济损失的60%以上。我国洪涝灾害大多数出现在夏季,与东亚夏季风的活动有密切关系，严重的洪涝灾害多是由于东亚夏季风活动异常造成的。我国的主要降雨带如5—6月的华南前汛期暴雨，6月中旬到7月初的长江流域梅雨，7月下旬到8月上旬的华北雨季都是这种情况。陶诗言等人认为，中期和短期预报对抗洪减灾起着十分重要的作用，比如在1991年梅雨期第二场、第三场（6月12—14日、6月29日—7月13日）暴雨期间，气象人员根据欧洲中期数值预报中心和北京气象中心的中期数值预报，再结合其他方法，预报将有两场强降水出现。决策者根据中短期预报采取了有效的洪水调度和分蓄洪措施，大大减少了灾害损失。

从20世纪90年代中期开始，陶诗言将研究重点放在灾害天气的气候机理和预测研究方面。从1998年的长江严重洪涝，到2008年年初的中国南方雨雪冰冻灾害等，他都带领研究组进行了深入研究。陶诗言建立了东亚季风区特大暴雨洪涝灾害时空位相变化的天气学概念模型，提出了中国夏季旱涝预测综合方法。他还十分关注世界天气研究计划中的观测系统研究和可预报性试验项目及其进展，研究如何提高一天至两周高影响天气预报的准确率，重视中长期天气预报与短期气候预测的有机结合的研究与应用。

陶诗言认为，研究气象灾害需要从气候预测角度看问题。他着重研究了实现中期天气预报与短期气候预测之间无缝隙预报的突破点，提出对于季风尤其关注热带低频振荡，对于中高纬度尤其关注 Rossby 波的东传和阻塞形势的发展思想。他认为，在引发致洪暴雨的环流系统中，季风涌的作用非常重要，它提供了暴雨产生所必需的水汽。来自赤道印度洋的大气环流的 30～60 天振荡引起南海地区西风的加强，而南海西风的加强触发中国南部大陆出现季风涌，季风涌与来自北方的冷空气交绥，造成静止锋上的致洪暴雨。陶诗言认为应将亚洲急流的 Rossby 波作为东亚夏季风系统的一个新成员，亚洲急流上的准静止 Rossby 波可以激发我国沿海海岸长波脊的建立，西太平洋副热带高压朝着长波脊方向伸展，当长波脊持久维持时形成长江中下游高温酷暑。陶诗言由此提出我国南方夏季流域性致洪暴雨中、短期预报和季度气候预测的基本思路，对于我国的天气预报和季节预测有重要的指导意义。

2008 年，陶诗言从产生高影响性天气的几种动力机制，概括出中国出现强降水的大气环流，并利用中期天气数值预报产品进行可预报性研究。2008 年 1 月中旬至 2 月初，我国南方地区出现大范围持续性雨雪天气过程。

陶诗言分析认为，江淮流域降水出现类似某些夏季强梅雨期的降水过程，而且江南的冻雨在历史上少见。这次大范围冰雪天气过程的成因是由于欧亚大陆出现异常的大气环流。

从陶诗言在气象灾害方面的研究轨迹来看，他始终把国家需求和减少人民群众损失放在首位，因时而变，展现了一个领军人物的战略眼光和一个走向世界的大学者的风采。

推进国内外学术交流

由于在国际气象界的威望较高，陶诗言经常被邀请主持国际会议。1978年10月，世界气象组织在上海召开关于台风的国际会议，鉴于陶诗言在这个领域的贡献和国际威望，专门邀请陶诗言作为会议主席主持召开了这个国际台风会议。陶诗言请来了世界各地有名的台风专家，最后有50多个国家派代表参加，中国的陈联寿等专家也在会上作了报告。会议的成功举办，鼓舞了刚刚经历"文化大革命"需要快速发展的中国气象学界的士气，提高了在国际同行中的知名度。陶诗言长期担任中美关于大气CO_2气候效应合作研究的中方首席科学家等，多次应美国、日本、法国等国邀请进行学术交流和讲学。

作为国际科联和世界气象组织的联合科学委员会成员，陶诗言参加了多项全球气候变化的大型研究计划的拟定。他先后参与了"世界海洋环流观测计划""全球能量和水分循环试验计划""气候变异和可预测性试验计划"三个大规模、国际合作的研究计划，这几个国际计划提高了中国学者在世界气象科学共同体中的话语权，对中国大气学界是一种很大的鼓舞。

陶诗言凭借自己的威望，促进中国和美国之间的学术交流。如1982年召开的中美山地气象学术讨论会，向国际同行展示了中国科学院大气物理研究所在改革开放后最初几年的良好精神风貌。

陶诗言做了很多促进中美气象交流的工作，特别是推荐人才到美国学习，很多人经过陶诗言的推荐到美国科罗拉多大学学习，多数人学成归国，很快成为各自单位的骨干，还有人逐渐成长为院士。来找陶诗言推荐的不完全是陶诗言的学生，但陶诗言都能够很大度地去推荐这些人，为这些人写推荐信，尽己所能来促进国际合作。

1982年，陶诗言当选为第20届中国气象学会副理事长；1986年，当选为第21届中国气象学会理事长。

在他就任期间，学会的学术活动很活跃。每年气象学会召开几次学术讨论会，陶诗言总是亲自参加筹备，从确定会议的主题到论文的选择，他都提出意见，积极扶持学科领域的新课题、新学术思想和值得进一步讨论的有争议的学术观点。陶诗言对年轻同志尤为重视和关注，利用学会给他们提供良好的机会，开阔他们的学术思路。作为中国气象学会的理事长，他还十分注意发挥学会在促进各部门、各地区之间的学术交流方面的作用，得到了各地气象界的极大信赖。许多学会的同志有意见和看法，都愿意与陶诗言商谈，希望得到学会的帮助和解决。陶诗言总是认真听取，尽自己所能给予帮助。平时，陶诗言的办公室和家里有很多拜访者。这可能是他一生为数不多的"领导活动"。

陶诗言在担任中国气象学会副理事长和理事长期间，对两岸气象交流起到了直接的促进作用。中国气象学会在促进两岸气象科技水平的交往方面有独特作用。早在1979年5月，中国气象学会通过新华社和中央人民广播电台发布信息，邀请中国台湾地区气象同行来大陆参观交流和学术访问。1981年，又提出邀请中国台湾地区气象学会参加中国气象学会的活动，并向台湾气象部门赠送学术刊物《气象学报》。1982年，在菲律宾气象学会的鼎力帮助下，中国大陆、中国台湾地区和菲律宾三方气象学者聚集在马尼拉，这是海峡两岸气象同仁在1949年后第一次接触，情景令人激动。类似的会议又在1984年、1986年举行。在中国气象学会倡议和陶诗言的推动下，1989年7月，在香港首次举行了以海峡两岸学者为主体的东亚及西太平洋气象与气候国际会议，这是海峡两岸气象界隔绝40年后第一次进行的较大规模的学术交流，使海峡两岸气象学者能够有机会具体和直接地了解对方的科研和发展水平。随后，1992年又在香港召开了第二届东亚及西太平洋气象与气候会议，促成了海峡两岸气象业务主管部门负责人以学者的身份出席会议。

谈及海峡两岸的学术交流，陶诗言说："海峡两岸气象界本没有过节，我觉得两岸气象学界是否应该召开一些学术交流会，这是我提出来的建议。当初提出来这个建议之后，得到了时任中国气象局局长邹竞蒙的支持。我建议要进行学术交流，第一次会议我们不能到台湾，他们也不能到大陆，我们就到香港召开，这个会议是我发起的。后面又继续进行交流，后来（1994年）我到台湾去了一次，并且作了学术报告。台湾的气象学会代表来大陆的次数逐渐增多。"

1993年1月，应中国气象学会的邀请，台湾地区气象学会负责人首次来大陆参观访问。1994年3月，中国气象学会名誉理事长陶诗言率团赴台湾地区参加海峡两岸天气与气候学术研讨会，这也是大陆气象代表团第一次到台湾地区进行交流，从而开启了海峡两岸气象科技工作者直接双向交流的大门，会中协议制订了"东亚气候的大气环流模式研究计划"。会议期间，大陆代表团参观了台湾大学、民航气象中心、气象预报中心、气象卫星中心等气象科研、教学和业务单位。

在陶诗言的推动下，海峡两岸气象界同仁的学术交流更加密切。2007年4月2日，台湾中华文化大学董事长张镜湖、校长李天任以及刘广英教授一行来到中国气象局，与中国气象学会理事长秦大河院士进行了座谈。张镜湖等一行这次赴京主要是为了授予陶诗言"中华文化大学荣誉博士学位"。

2009年9月13日，台湾地区气象学会组成20人的代表团来北京参加海峡两岸气象科学技术研讨会，会后又到中国气象学会诞生地——青岛观象台寻根，以此方式共同庆贺中国气象学会成立80周年。

两次青藏高原大气科学试验

二三百万年前,亚洲的造山运动促使青藏高原大范围崛起,喜马拉雅山迅速上升为"世界屋脊",成为地质史上第四纪非常重要的事件。由于青藏高原大尺度的地形障碍对气流的强迫绕流、爬升和摩擦等动力作用,以及青藏高原冷、热源效应,使其对东亚、北半球甚至整个地球的天气和气候都产生着重要的影响。而高原"地—气"系统物理过程对全球大气的动力与热力相互作用和对全球气候异常的影响有多大,成为当代大气科学界所关注的一个科学热点。

20世纪初,中国气象学家基于青藏高原对天气和气候的独特作用,逐渐开展对高原气象的观测试验和理论研究。40年代末到50年代,叶笃正、顾震潮和陶诗言研究了有关青藏高原的动力作用及其影响的许多事实,指出了青藏高原的冷源和热源作用以及对邻近地区天气和气候的影响。1960年,杨鉴初、陶诗言、叶笃正、顾震潮共同编写出版了《西藏高原气象学》。这本书总结了当时对于西藏高原气象学研究的成果。全书分为气候学、天气学和动力气象三个部分,不仅讨论了高原各地的气候特点,还讨论了高原上天气系统的重要性质和分析预报工具,同时还描述了高原上空环流的构造和变化，从理论上探讨了这些构造和变化的物理原因。

20世纪60年代后，我国科学家对珠穆朗玛峰地区气象进行了一系列综合科学考察，获得了温、压、湿、风、云、降水、辐射等珍贵资料。1958年11月至1960年5月，我国第一支气象考察队在进驻珠穆朗玛峰地区期间，不仅获得了该地区第一手气象资料，还为中国登山队1960年5月25日第一次从北坡登上珠穆朗玛峰做了气象保障服务。1973—1977年，中国科学院青藏高原综合科学考察队对西藏全境进行了多学科的考察。

1978年夏季，联合国世界气象组织在亚洲南部组织了一次大规模的夏季风活动的观测试验。青藏高原对季风的活动有很大影响。经国家科委批准，由中国科学院和中央气象局组织力量，在1978年5—8月联合进行了一次同步的青藏高原气象科学试验，先后由叶笃正和陶诗言担任技术总指导。这次试验获得了大量资料，分析和研究花费了四年时间。这次试验引起了陶诗言对季风进一步研究的兴趣。

1979年，陶诗言和气象界著名学者叶笃正、程纯枢、谢义炳、黄士松、高由禧、章基嘉、巢纪平等人一起主持了我国第一次青藏高原大气科学试验，并取得了具有国际影响的研究成果。

进入20世纪90年代以后，研究环境与气候变化关系问题的迫切性更加突出。各国中长期数值预报能力低、气候模拟误差最大的地区主要是在青藏高原一带。通过对1991年江淮洪涝原因的研究，我国气象工作者发现大部分致洪暴雨云系均可利用卫星云图一直追踪到青藏高原地区。因此，对青藏高原大气问题进一步研究成为揭开中国、东亚灾害性天气以及世界性气候变异之谜的关键性战略目标。考虑到第一次青藏高原大气科学试验对高原"地－气"系统物理过程的观测和研究不足，为了给提高数值预报水平和气候变异影响研究提供更为科学的高原"地－气"系统物理过程的描述及其参数化方案，中国气象局在国家科委支持下，决定组织"青藏高原'地－气'系统物理过程及其对全球气候和中国灾害性天气影响的观测和理论研究"（亦称第二次青藏高原大气科学试验）。

在陶诗言、陈联寿的主持下，由科研院（所）、高校及有关省（自治区、直辖市）气象局近50名专家集中攻关，历时两年多，形成了总体计划。1995年5月，国家科委正式批准立项，第二次青藏高原大气科学试验隶属国家基础研究和应用基础研究重大项目（攀登B类）。1998年5—8月，陶诗言和陈联寿院士作为首席专家主持了第二次青藏高原大气科学试验。试验获得了许多第一手宝贵的数据，取得了许多重大原始创新成果。

第二次青藏高原大气科学试验也推动了中国与其他国家关于青藏高原研究的合作，自第二次青藏高原大气科学试验以来，中日双方继续高原合作研究，并取得了一系列丰硕的研究成果，中日科学家进一步认识到高原及周边地区大气动力、热力结构及其水分循环等过程是东亚地区灾害性天气、气候发生的"强信号"关键因素。研究"世界屋脊"地区与大范围周边下游地区的汛期灾害性天气业务化应用、监测预警和防灾能力，不仅对中国，也对东亚乃至全球灾害天气与气候的监测具有重大科学价值。1999年12月，中日高原大气和水文领域的综合观测与研究被确认为双方政府间重点合作领域。2004—2009年，围绕青藏高原大气综合观测，组织实施了中日政府间科技合作项目——中日气象灾害合作研究中心（JICA）项目。

针对两次青藏高原大气科学试验，陶诗言做了详细解释："第一次青藏高原大气科学试验主要内容是研究高原上的天气构成、天气系统、实际的变化等，当初还没搞其他观测,一般经典的天气气候观测都有这些项目,还搞了个数值模拟。观测时间是7、8、9三个月,后续研究一共花了三年时间完成。第二次青藏高原大气科学试验观测的重点放在边界层观测,边界层观测有两个,一个在那曲,一个在改则,日本人也参加了。试验获得大量非常宝贵的观测资料,但是这些观测资料我们没有好好整理,日本人却整理资料,拿去发文章,我们的反倒没想到发表文章。这方面我们比人家差。第二次青藏高原大气科学试验中日本人得益很多,他们发表了好多文章,他们充分利用了我们的观测资料。"

从陶诗言的阐述中,可以看出这两次青藏高原大气实验对提高中国气象的整体学术水平有一定的促进作用,他对中国的数据被日本人拿去发表也提出了自己的看法。

两次青藏高原试验,提升了中国气象学界整体学术水平,提高了我国在世界大气科学共同体中的地位和话语权,对于未来气象科学的发展有直接的促进作用。陶诗言作为两次青藏高原试验的主要领导人物,展现了一个世界性大学者的严谨、求实和领导才能。陶诗言主编了《第二次青藏高原大气科学试验理论研究进展(一)》《第二次青藏高原大气科学试验理论研究进展(二)》

《第二次青藏高原大气科学试验理论研究进展（三）》和《第二次青藏高原气象学实验研究》（原书为英文版，英文名称为 *The Second Tibetan Plateau Experiment of Atmospheric Sciences TIPEX-GAME/TIBET*），对有关成果进行了系统总结。

提携后辈　桃李满天下

多年来，作为学术大家的陶诗言不遗余力地培养学生、提携后辈，桃李满天下。

勤奋一生育桃李

陶诗言经过自身勤奋努力和多年的经验积累，完成了从大学毕业生到气象学一代宗师的嬗变，在作出辉煌成就的同时，他非常关注青年人的成长。陶诗言无论在哪儿工作，都会在哪儿传授知识，从不保留。在做预报、搞科研的过程中，陶诗言培养了大批青年业务骨干，他们当中很多人已成为一些省市气象局（台）的负责人。20世纪60年代，我国开展了核弹、导弹等方面的国防尖端科学技术研究工作，国防气象保障预报是一项艰巨的任务。在"文化大革命"期间，陶诗言等人毅然接受为原子弹和导弹发射试验提供天气预报的任务，十多次到试验基地工作。那几年，他不仅认真完成了"两弹"气象保障任务，还帮助部队培训气象人员、传授气象知识和前沿理论，为部队培养了一批从事军事气象保障的技术人员。

陶诗言经常兼任有关高校或是中国科学院研究生院的课程，每次总是认真备课，辛勤教学。在陶诗言教过的学生中，很多成长为优秀人才，还有人成长为院士，像李崇银院士就是陶诗言教过的学生。可以说陶诗言在自己做研究的同时亦为国家培养了一大批优秀人才。陶诗言退休后，在培养学生方面却没有"退休"，即便在90岁高龄时，陶诗言依然专心指导着两名博士生。

陶诗言教学时，注重和学生讨论，并经常亲自帮助学生修改论文。在学生的论文草稿中，陶诗言经常密密麻麻地做了大量批注，对学生倾注了大量的心血。

陶诗言非常注重培养学生自己的学术观点，鼓励学生有不同意见。他说："在培养学生过程中，我希望他有不同意见，他们总听我的不行。我带学生的时候就是他们把论文稿子写来给我，我全部给他们改，一本本改，英文摘要也帮他写，我带学生的模式就是按赵九章的培养方式来。"陶诗言在给学生的信中非常详细地告诉学生如何研究，注意看哪些材料，每封信对学生来说都相当于上一次课。

陶诗言担任中国科学院大气物理研究所副所长、代理所长期间，非常重视对所里青年研究人员的培养，经常凭借他在国际气象学界的威望和人脉，推荐青年人到国外学习，亲自为学生写推荐信。

天气会商对于气象工作者的重要性，就像歌唱家每天要练嗓子一样。但是学术单位往往不重视天气会商，也很难坚持。天气会商习惯源自芝加哥气象学派创始人罗斯贝教授，作为罗斯贝的学生，叶笃正从美国回国之后，在大气物理研究所建立了这种传统，也是芝加哥学派精神在中国的一种延续。受"文化大革命"的影响，会商停止过一段时间，"文化大革命"之后，陶诗言和叶笃正一起又恢复了这个传统。陶诗言为提高科研人员对天气实践和解决实际问题的研究能力，亲自跑到电信局，开了个专线拉到大气物理研究所，用于接收气象局的数据，便于会商。陶诗言每个星期都是亲自参与会商，带动大家参与，在陶诗言担任大气物理研究所副所长期间逐渐形成了一个制度性的座谈会，即每个星期一定要进行一次天气会商，基本上在每周五下午，所里全体同志都要参加，不管是研究大气理论的，还是研究天气预报的，都要参加天气会商，特别是研究生要求参加每周一次的天气会商，要有准备而且要发言。陶诗言指出了解全球的天气形势，对研究有很好的借鉴。中国夏季的天气比较复杂，因此每年6、7、8月的天气会商更为重要。当时很多研究文章都是通过天气会商得到灵感或是进一步扩充思路而写成的。因此天气会商会成为一个学术思想碰撞会，大家不断地在会商中发现问题、解决问题。这个制度从陶诗言担任副所长一直保持着，对培养人才起到了积极作用。

陶诗言善于培养学生，桃李满天下。他培养造就了一批大气科学的专门人才。陶诗言的学生往往要从广义的角度去理解，除了他亲自指导过的研究生，在我国气象业务、科研和教学部门工作的不少气象工作者也是他的学生，有的听过他的讲课，有的接受过他的业务指导，有的通过写信得到过他的帮助。只要求教到陶诗言，他从不拒绝，如果他不能回答，会推荐对方去看某些材料或是请教某位学者。

陶诗言善于引导学生从气象事业的需要发展自己的兴趣爱好和特长。陈隆勋曾跟随陶诗言工作多年，1959年，他想报考陶诗言的研究生。陶诗言考虑到气象事业的发展急需天气学和动力学的密切结合，而陈隆勋具有良好的天气学基础和较好的数理基础，陶诗言建议他去考叶笃正的研究生，并几次三番地做动员工作。对于陶诗言的这种不求名利、谦虚朴实的博大胸怀，陈隆勋至今难以忘怀。

为什么陶诗言能够培养出如此众多优秀的学生，大概有以下几方面的原因：一是中国当代气象学正处于起飞阶段，有很多有价值的问题值得进一步研究，经过陶诗言点拨，学生找到了努力的正确方向；二是陶诗言的学术造诣和思想境界代表了当代中国气象学的最高水平，所以能够为学生提供最前沿的研究课题；三是陶诗言极其有效的教学和指导学生的风格。前两个方面都是大家易于理解的，而后一方面则是许多人好奇和希望探讨的。从陶诗言指导学生丁一汇、徐国昌等人的过程中，我们可以找到陶诗言指导学生的风格。

培养出的院士——丁一汇

丁一汇1963年毕业于北京大学地球物理系，后考入中国科学院地球物理所读研究生，师从陶诗言。在陶诗言辛勤指导下打下了扎实的学术基础，并于1967年毕业。在陶诗言直接关怀和指导下，丁一汇在学术上也不断取得进步，先后任中国科学院大气物理研究所副研究员，国家海洋局海洋环境预报中心副主任兼国家海洋预报总台台长，中国气象科学研究院副院长、国家气候中心主任，研究员、博士生导师，世界气象组织东亚季风研究委员会主席，政府间气候变化委员会（IPCC）第一工作组联合主席，世界气候研究计划（WCRP）联合科学委员会执行理事等。2005年当选中国工程院院士。

丁一汇多次参与和主持国家重大攻关和研究项目，为推动我国的气象业务发展作出了重要贡献，并在气候变化、亚洲季风以及中国的灾害性天气气候方面取得了具有理论意义和实用价值的创造性研究成果。获国家科技进步奖一等奖和二等奖，国家自然科学奖二等奖、三等奖。2002年获何梁何利科学进步奖。参与和主持编写政府间气候变化委员会第一、二、三、四次气候变化评估报告，是国际上气候变化研究领域中有影响、有贡献的科学家之一。2005年获世界气象组织杰出成就奖。

丁一汇多次表示，陶诗言对其成长有着重要的作用。作为"陶门弟子代表"，从对丁一汇的培养中，可以看出陶诗言对学生的辛勤抚育和殷切希望。

师生结缘

1958年的"五四"青年节，有一个青年学子带着强烈的求知欲望，参加了北京大学举办的科学报告会。科学家的精彩报告让他茅塞顿开，对什么是大气科学、气象究竟应该研究什么有了深刻的感受。在那个火红的年代，天气和气候、台风的破坏、人工增雨等代表时代潮流的科学概念，都深深激发了他的学习热情，他就是丁一汇，从此他的一生和大气科学结下了不解之缘。

丁一汇，陶诗言最优秀的学生之一。1962年，丁一汇就读北京大学物理系，当时的本科学制是六年，第五年要求做学年论文，第六年要做毕业论文。丁一汇的学年论文主要是研究台风，做大学毕业论文时，有幸得到陶诗言先生的指导，从而成为他的学生。当时陶诗言正在研究平流层与对流层的关系，需要一位懂德文的学生来协助他阅读德文文献。陶诗言问北京大学地球物理系主任谢义炳，希望找一个能懂德文的学生，而丁一汇正好符合这个条件。

如同当年涂长望把陶诗言推荐给赵九章一样，谢义炳把丁一汇推荐给了陶诗言，陶诗言开始指导丁一汇的毕业论文。陶诗言指导丁一汇研究平流层对地面的大气有什么影响，这个问题在当时还是个新的领域，因为之前的研究都是注重对流层的天气变化，对平流层的研究甚少。平流层是大气圈中很重要的一层，大客机飞行一般在平流层中飞行，平流层对地面大气有何影响是个重要的课题。在这一年里，丁一汇在陶诗言的指导下看了很多文献，主要研究平流层的热源怎样影响平流层的环流，然后再影响对流层的环流，以便从平流层寻找预报对流层的指标和它前期的信号。陶诗言指导丁一汇从热源的角度出发来计算臭氧层加热，比如臭氧层加热产生的热源影响平流层的大气环流等。在陶诗言的精心指导下，做了一年后，丁一汇算出了热源热汇。

这一年，在陶诗言的认真指导下，丁一汇受益颇多。据丁一汇回忆："当时作为一个大学生初出茅庐什么也不懂，大部分是在陶诗言的指导下工作，陶先生让我看哪一篇文献，我就看哪篇文献，看完马上向陶先生汇报。"陶诗言经常让丁一汇去他家里汇报，师生关系融洽。陶诗言多次和丁一汇讨论毕业论文，并且教丁一汇如何做论文，如何写好论文。论文完成以后，陶诗言很满意。丁一汇在这一年中受到了严格的科学训练，也坚定了一个想法：努力考到中国科学院师从陶诗言继续深造。

丁一汇大学毕业时，中国科学院地球物理研究所研究生考试开始了，陶诗言鼓励丁一汇报考他的研究生，希望丁一汇可以在原方向继续研究下去。丁一汇觉得自己没有把握，信心不足。"我上大学的最后一年中国科学院地球物理研究所开始招研究生了，因为我已经跟着陶先生做毕业论文了，陶先生鼓励我去考他的研究生，他希望我能继续做下去，当时研究生招得非常少，地球物理研究所有1500人，是个很大的研究所，但是每年研究生名额也就招几个人，当时也觉得自己没有把握。"丁一汇回忆说。在陶诗言的鼓励下他终于报考，并且在1963年大学毕业后如愿以偿考上了陶诗言的研究生。整个地球物理研究所该年只招了6个研究生。第二年，丁一汇转为中国科学院研究生院的首届学生。

丁一汇在陶诗言的指导下继续研究平流层,当时陶诗言给丁一汇定下了研究领域是平流层爆发性增温的物理机制,主要研究平流层在冬天为什么会有非常大的突然增温,可以增温 10～20℃,这个和现在的气候变暖不是一回事,就是在冬天的时候温度突然增加到很高,当年这在平流层研究里是个很重大的问题,增温以后平流层和中层大气环流都改变了。这个问题在当时被许多人讨论过,甚至国际上也有许多人在讨论,比如非常有名的美国科学家洽尼认为是行星波的能量往上传,往上传的波动主要是超长波、很长很长的波,能量不容易被对流层顶所吸收,所以它能够传上去,导致温度增高。当时陶诗言指导丁一汇研究认为,超长波只是个背景,并不是说所有的超长波都能够引发爆发性增温,它们是聚焦在大的超长波传上去之后,一定要和平流层的环流有一个相互作用,这个还需要平流层的条件,陶诗言的这些观点非常深刻地说明了问题的关键所在。所以丁一汇在陶诗言的指导下就寻找这个平流层的条件。为了使丁一汇能够更深入地了解平流层,陶诗言派丁一汇到新疆气象局学习平流层分析,同去者还有叶笃正的研究生张可苏。之所以选择去新疆学习,是因为新疆气象局当时能够接收全球电传电报，新疆是我国最靠近西方的自治区，当时电传报第一站就是新疆气象局收的，主要收德国资料中心传来的平流层电报数据。接收到电报后，丁一汇就填平流层天气图，并且画平流层天气图。这些机会使丁一汇在新疆获得了很多宝贵的实践经验，并且对气象学和物理学的认识更加深刻。这一方面说明陶诗言非常重视对丁一汇的培养，另一方面也说明陶诗言在教学中非常重视通过实践活动培养学生的能力。

丁一汇回忆自己的学习生涯时，说有两件事使他终生难忘："一是当时的所长赵九章非常重视培养研究生的外语应用能力，特意安排曾在抗美援朝战争中任中方翻译的曾令森先生做研究生的英语导师。在曾先生的指导下，我英语水平越来越高。二是陶诗言和叶笃正先生非常注重培养学生解决实际问题的能力，比如要求研究生参加每周一次的天气大会商，并且要发言。"

指导科研实践

在丁一汇的研究生学习后期，"文化大革命"开始了。遗憾的是，毕业论文还没有答辩，丁一汇就被派往塘沽的一家解放军农场接受劳动锻炼。两年后，他回到中国科学院大气物理研究所从事科研工作。当时参与的第一项任务是研究接收、分析和使用美国气象卫星云图的设备和方法。丁一汇回忆:"1970年,那时候总理要求接收美国的气象卫星的图片,陶诗言先生主持这件事,那时我正好回来,陶先生说你就参加我这件事情吧。我就在那里跟他一起干了,那时候我们的小组长是方宗义,技术指导就是陶先生,我们都在一个大组里面,还有曾庆存院士、李崇银院士、黄荣辉院士,都在那儿搞卫星,来收集美国的卫星资料,用在我国天气预报里面,我是做分析的。后来我们干得很不错,能够把美国的卫星图全部接收下来,叫作自动图像接收仪,并且对于怎么分析这些数据,我们也搞出来一套方法。"

在陶诗言和曾庆存的带领下,经过五年艰苦研究,我国气象工作者不但设计和制造了接收美国气象卫星的全套设备,而且在全国建立了120个接收站,培养了第一批卫星气象专业人才。丁一汇作为中央气象局、中国科学院大气物理研究所和北京大学地球物理系共建的联合分析组组长为我国卫星气象资料的早期应用作出了贡献。

这五年中,陶诗言认真指导丁一汇。每星期与丁一汇交流两三次,主要指导丁一汇如何系统性地把卫星云图和资料(包括开始有的探空资料)用在预报上。此外,他还主要指导丁一汇和其他人写一本完整的卫星云图和资料使用手册，一节一节地指导怎么写，包括怎么监视台风，怎么监视气旋、高压系统、如何把原理说清楚等。这是我们国家第一次给预报员、研究人员编写这样的书。丁一汇觉得这本书非常重要："当时我们在陶先生的指导下共同完成了这本手册，这本手册我觉得到现在应该还是有重要意义的，现在我觉得没有人再去好好搞这个东西，我们当时花了这么多的时间写了这本手册，是我们主要的成果。这本手册在农业出版社出版。"

在陶诗言的指导下，丁一汇还参与编写了《中国之暴雨》。1975年8月3—7日河南发生的特大灾难性暴雨，丁一汇跟着陶诗言到河南考察，参加暴雨会战。"我一共到河南去过7次，陶先生身体很好，我们两人至少一块去了3次到4次。陶先生参加了南京和郑州两个任务，我觉得他非常不容易，没有他的指导，我觉得很难完成这些工作。"

1979年印度季风试验开始了，在陶诗言的推荐下，大气物理研究所派丁一汇和陈瑞荣去参加印度季风试验。当时丁一汇在印度去了很多地方，如印度洋、孟加拉湾等，陶诗言非常关心丁一汇等人的研究情况，在发信非常不容易的情况下不断地给丁一汇写信，询问他们的研究情况。丁一汇也不断地向陶诗言请示问题，陶诗言都很认真地回信。在试验期间和试验完成后，丁一汇发表了数篇关于印度季风爆发和季风低压的论文。

推荐机会

1979年5月，中国科学院的研究所开始选派人员出国，这样的机会对于学者来说非常宝贵，因此很多人都想出去，但是名额有限。丁一汇当时想去的是美国科罗拉多州立大学。陶诗言和叶笃正为丁一汇写了推荐信，使丁一汇成为我国第一批出国的公派留学生。美国科罗拉多州立大学的大气科学系主任对陶诗言与叶笃正非常敬仰，听说丁一汇是陶诗言的学生，系主任马上就同意接收丁一汇，并且很高兴地说愿意每个月给丁一汇1000美元的生活费，这在当时是很高的一笔生活费。丁一汇为获得这样宝贵的学习机会深感高兴，陶诗言作为丁一汇的老师，也非常欣喜，为自己的学生高兴。陶诗言平时不善言谈，也不会讲客套话，临行前他只对丁一汇说了一句话："你一定要回来。"

丁一汇在美国访学两年，中间又去夏威夷工作了半年多。丁一汇在国外期间，陶诗言经常向丁一汇的妻子询问他在美国的情况。后来科罗拉多州立大学的系主任想让丁一汇的妻子也去美国。丁一汇的妻子征求陶诗言的意见，陶诗言为了国家挽留人才，坚决地对丁一汇的妻子说:"你不能去,你要是去了以后,我怕你们两个以后就都不回来了。"陶诗言时时刻刻都在为国家着想,另外他也知道丁一汇在中国会取得更大成就。

在陶诗言的感召下,丁一汇按期回国。之后,陶诗言继续推荐人才到科罗拉多州立大学深造,有的即便不是陶诗言的学生,他也能很大度地推荐这些人,为他们写推荐信,而这些学生后来也都取得了很不错的成绩。可以说陶诗言在培养青年人才方面作出了很大贡献。丁一汇回国后回到了大气物理研究所,陶诗言爱惜人才,又为丁一汇搭好舞台,有两件事让丁一汇终生难忘。第一件事是陶诗言介绍丁一汇入党,丁一汇的父亲在"文化大革命"中因历史问题被批斗,后来证实他父亲历史上没有问题,陶诗言主动作为他的入党介绍人。第二件事是陶诗言认为丁一汇的研究能力很强,在1982年提拔丁一汇为副研究员。当时所里副研究员名额不多,有一些比丁一汇资格老的学者都没评上。当年只有两个人被提升为副研究员,一个是丁一汇,另一个是赵燕曾,她是赵九章的女儿,科研做得很出色。这次提升以后就再没有人得到晋升,一直到1985年才重新有人晋升副研究员。陶诗言敢于给有才能的年轻人机会,敢于提拔他们,这在当时需要很大的魄力和独到的眼光。

还有一件事，也说明陶诗言培养领军人才的战略眼光。20世纪80年代，巢纪平到海洋局建设海洋环境预报中心，要选个副手，请丁一汇加盟。丁一汇当时没有思想准备，就征求陶诗言和叶笃正的看法，陶诗言很支持，说："老丁，你现在不要光守在气象这一行，你要扩展到海洋里边去，你现在要扩大你的领域，把海洋和大气结合起来，并且你搞过台风、暴雨、强对流天气，你到海洋上同样也会遇到这些问题，还照样发挥你的专长。"叶笃正也支持丁一汇去。丁一汇进入海洋预报领域，在巢纪平的领导下，通过努力，把海洋预报台变成一个真正的大预报台。海洋局对最后的研究结果很满意。

除了丁一汇，陶诗言对其他学生也都非常关心和负责，引导他们做研究，勇于给年轻人机会。

半个世纪师生情

徐国昌，1934年出生，甘肃省高级专家服务团成员，中国气象局兰州干旱气象研究所科学顾问，研究员。领导组建了兰州干旱气象研究所和干旱试验研究基地。主要从事天气、气候生态、环境、水资源和灾害防治等方面的业务和研究工作，发表学术论文100多篇。

如果说丁一汇是陶诗言"正宗"的学生，那么徐国昌就是"非正宗"的学生，但是陶诗言对不是自己名下却认真求教于己的学生一视同仁，体现了陶诗言的博爱和大师风范。

徐国昌逢人就亲切称呼陶诗言为"自己的恩师"。徐国昌说，作为陶诗言的学生，回顾过去50年的师生之情，陶诗言给其留下的印象太深了，陶诗言的优良品德，对他的关怀和培养，使其终生难忘。

中华人民共和国成立初期，为了尽快把我国的天气预报业务建立起来，顾震潮、陶诗言到中央气象台担任联合分析预报中心正、副主任，当时陶诗言除做预报外，还在气象预报短训班上课。徐国昌原来长期在兰州工作，很偶然的机会结识了陶诗言，从此开始了一段跨越50年的师生情。

徐国昌第一次认识陶诗言是在1954年北京气象预报短训班上，徐国昌是短训班学员，在短训班即将结业的时候，陶诗言为短训班作了中国台风和中国寒潮的专题讲座。陶诗言的报告非常精彩，而且他的记忆力超人。对影响我国台风和寒潮大多数案例的具体日期路径和影响程度，陶诗言可以完全不看书稿，记得一清二楚。徐国昌对陶诗言有了崇拜的感觉。

1958年,在兰州高原天气分析和中长期预报学术会议上,徐国昌作了关于24小时变压图的大会报告。会下陶诗言向其询问了许多有关高原天气的问题,这次谈话有一个多小时,陶诗言关心的问题很多,态度非常谦和,并且不时地做一些记录。当时陶诗言名气已经很大,而徐国昌还只是一个预报员。这彰显了陶诗言谦虚谨慎、礼贤下士的大师风范。

1959年,徐国昌代表兰州中心气象台参加《中国短期天气预报指导手册》的编写工作,陶诗言任主编,工作地点在中央气象台。因此徐国昌得以直接和陶诗言交流,直接获得陶诗言的学术指导。陶诗言非常负责,每周都来检查指导工作,并且总是要抽出一些时间带徐国昌到中央台预报值班室看天气图,同时向徐国昌传授分析预报长波的着眼点和经验。即便后来离开了中央气象台,徐国昌也经常向陶诗言请教。几十年里,徐国昌和陶诗言一直保持着书信来往。徐国昌每次到北京出差总要去拜访陶诗言,除了问候,还请教学术问题。陶诗言也从不吝啬,常常介绍气象科学发展动向,建议徐国昌读些什么书并且如何工作。

20世纪70年代初,徐国昌被下放到甘肃临夏,陶诗言十分关心其处境,不仅鼓励徐国昌继续研究,还寄去自己当时正在研究的卫星云图研究成果资料，希望徐国昌能做些研究。在基层台站，能够看到卫星云图的最新研究成果，非常难得，徐国昌因此非常感动。更让徐国昌感动的是，陶诗言还利用自己的影响尽量改善徐国昌的处境。陶诗言和徐国昌有多次通信，每份信件陶诗言都认真给予回复，或是鼓励，或是探讨，徐国昌精心保存着这些信件，成为他的一种精神力量的来源。

陶诗言不但在工作和业务上指导徐国昌，而且推荐徐国昌的文章。20世纪60年代初，徐国昌撰写了论文《我国西北陕、甘、宁、青地区的自然天气季节》。徐国昌将文章寄给陶诗言，请陶诗言提些建议。陶诗言不仅对徐国昌等人的工作给予了充分的肯定，还将文章推荐到《地理学报》上发表。

徐国昌不仅在科研上得到陶诗言的指点，在科研机构的建立上也得到了陶诗言的诸多帮助。徐国昌在其回忆录中写道："兰州干旱气象会议以后，我就为成立兰州干旱气象研究所奔波，我先后征求了叶笃正先生、陶诗言先生和高由禧先生的意见，得到了他们充分的肯定和支持。我两次到国家气象局科教司汇报成立兰州干旱气象研究所的问题，得到认可。随后，我以甘肃省气象局的名义起草了一个正式报告，向国家气象局建议，在甘肃省气象科学研究所的基础上成立兰州区域气象中心研究所——兰州干旱气象研究所，把干旱气象作为兰州区域中心研究所的主要研究方向。1987年国家气象局发文，正式批准成立兰州干旱气象研究所，与甘肃省气象研究所一套人马、两个牌子，同意了我们提出的兰州干旱气象研究所的研究方向和任务。兰州干旱气象研究所的成立是甘肃省和西北地区气象科研事业的一个里程碑式的事件。我们聘请了陶诗言先生和高由禧先生为兰州干旱气象研究所顾问，他们愉快地接受了我们的邀请，我们这样一个区域中心研究所能够得到两位大专家的多方面支持和指导，是很荣幸的。陶诗言先生曾经建议我们研究所搞一个具有权威性的中国气象干旱指数，这是一个非常好的建议。"

1987年，兰州干旱气象研究所成立以后，当年举办了第二届全国干旱气象学术会议，会议由兰州干旱气象研究所组织，陶诗言和高由禧主持了会议，在两位老先生的提议下，向中国气象学会建议成立干旱气象学专业委员会，以后每两年组织一次全国干旱气象学术会议，吸引同行注意干旱气象问题，促进了我国干旱气象研究水平的提高。1990年，中国气象学会第23届理事会批准成立干旱气象学专业委员会，常设机构设在兰州干旱气象研究所。兰州干旱气象研究所在大区的研究所中成立的时间是比较晚的,但是相应的专业气象学术委员会却是最早成立的,这是中国气象学会对干旱气象问题的重视,是对我国干旱气象学研究进展的肯定,这与陶诗言的支持是分不开的。

20世纪80年代初期,陶诗言担任《中国大百科全书·大气科学篇·天气学》主编,初稿完成以后,陶诗言寄给徐国昌,请徐国昌提建议,徐国昌的建议得到了陶诗言的肯定,也体现了陶诗言虚怀若谷的高尚情操。

徐国昌还从陶诗言处学到如何从哲学高度进行大气科学研究。比如,在寒潮爆发的研究方面,陶诗言首次提出了寒潮过程是高空大型天气过程急剧调整结果的理论观点,具有哲学思维。20世纪60年代初期,陶诗言给徐国昌推荐了爱因斯坦和英费尔德合著的《物理学的进化》这本书。陶诗言告诉徐国昌,他已经认真地读过了这本书,这是一本哲学著作,记述了爱因斯坦提出相对论的思考过程,陶诗言在书中加注了批语。70年代后期,陶诗言又向徐国昌推荐了一本贝弗里奇写的《科学研究的艺术》。陶诗言不仅自己十分关注自然科学的哲学问题,在这方面有很高的修养,还引领徐国昌去学习自然哲学,对徐国昌的学术水平的提高起到了十分重要的作用。

徐国昌在其回忆录中写道:"20世纪60年代初期,在我担任长期预报组长的时候,我第一次比较自觉地用《矛盾论》的哲学思想研究自然季节的变化。在苏联穆尔坦诺夫斯基自然天气季节理论的启发下,着手分析研究东亚和我国西北的自然季节。当时叶笃正和陶诗言已经研究了东亚对流层上部副热带急流的季节变化,指出东亚的季节变化只有两次,分别发生在6月和10月,这是一个经典的研究工作,显然是对的。刘框南则认为,东亚的夏季应该分为初夏和盛夏,初夏是长江中下游梅雨,盛夏是华北雨季,就是说,夏季有两个季节性的阶段,这个意见也是对的。能不能将二者统一起来?在一年中是否还有更多的季节性的阶段?我们根据多年候平均500百帕图和多年平均逐日气温降水量变化曲线的分析,认为在一年中有七个自然季节阶段。根据《矛盾论》矛盾的阶段性,矛盾的部分质变和整体质变的理论,我们认为七个自然季节的划分是合理的。上述研究结果写成了《陕甘宁青的自然天气季节》一文。兰州中心气象台总工程师曹恩爵将该文寄给陶诗言,请他提意见,陶诗言给了很高的评价,推荐发表在1963年《地理学报》上。后来我因此收到了美国芝加哥大学的贺信。"

　　我国有许多科技骨干都像徐国昌一样，曾得到过陶诗言在各个方面的关怀和帮助。陶诗言培养和造就了我国一大批气象青年科技骨干，丁一汇和徐国昌的成长是其中的典型事例，他们的进步和成功与陶诗言的关怀和教诲是分不开的。

闲不住的晚年生活

陶诗言在学术上的成就，来自他远大的志向和勤奋精神。陶诗言一生都很勤奋，晚年退休在家，一直勤奋学习。陶诗言的儿子陶礼光说："从他房间里每天早上起床后和晚上睡觉前的灯光，我看到了他给我们树立的榜样，我特别有感悟。"

初二时陶诗言有一次成绩不好，被老师训斥，从那以后，陶诗言在学习上就特别勤奋，并且把这种刻苦勤奋的钻研精神保持终生。陶诗言上大学的时候，大学一年级学数学，80个人在一个大课堂学习。第一次考试，由于大意，陶诗言只考了40分。此后他勤奋学习，力争在第二次考试补回来。第二次考试也是这门课程最后考试，称为大考，好多人考得不好就放弃了，陶诗言却考了90多分。这种下功夫拼命学的态度和精神成为陶诗言学术进步的重要法宝，他扎进一个研究就扎到底，这是他的性格。和陶诗言同时研究气象的有许多人，并不是所有人都能坚持一生勤奋研究。

陶诗言每天早上5点半到6点就起床看书，这个习惯一直保持到晚年。陶诗言有时在办公桌边看书，有时靠在床上看。每天早上陶礼光起来做早饭时，陶诗言早已起床，用10分钟洗漱，剩下的时间就是坐在那里读书，生活相对比较简单。

陶诗言这种勤奋做科研、孜孜不倦的精神也在潜移默化中影响着他的孩子们。陶诗言爱看书，爱看外文的书，为了学习英语，他坚持看《英汉字典》及英汉工具书，他还有个特别好的习惯就是不断地看数学，不断地做题。陶礼光回忆说他从父亲身上学到的，就是不断地学习。陶诗言还有一个很好的阅读习惯，就是在读书时，他会用不同颜色的笔做不同的标记。他经常教育自己的孩子，要做到分秒必争，做研究就得坚持不懈。陶诗言一生比较平静，与世无争，读书是他最大的爱好。

陶诗言晚年每天坚持不懈地读书，给儿子陶礼光很大启发。对中小学的教育问题，陶诗言有时也跟陶礼光交流，比如说对素质教育的一些看法，对学校教育现在重视应试的倾向，陶诗言有自己的看法。陶礼光搞教育研究，从陶诗言身上看到人应该怎么读书，他从父亲的经验中，开发出一套学生学习的方法。陶礼光说："我给学校建构的课程是早上 8:00 上课，7:50 学生到齐了，让学生三分钟诵读一首诗，目标就是一周背一首诗，12 年基础教育，6 年小学、6 年中学，12 年下来学生可以背 500 首诗，500 首诗不重样，每天背，天天坚持，就会潜移默化给学生许多传统文化的培养。"

2000 年以后，由于身体的原因，陶诗言很少去办公室了，算是名义上进入"晚年生活"，但他不是赋闲在家，而是在家搞科研，并且在家里指导学生，非常认真负责。他说："2000年以后我开始待在家里，我走不动了。一些社会活动我都推掉了。气象学会的名誉理事长，我说算了，不当了。"

秘书卫捷一个月去陶诗言家里两次，与陶诗言讨论天气会商。陶诗言在家中一直不忘搞科研，不断有文章发表在《气象学报》等核心刊物上，2011年还有文章发表。他十分关心我国的天气预报，中央气象台和国家气象中心经常咨询陶诗言有关天气预报的难题。

陶诗言晚年仍然孜孜不倦地追求学术最前沿，他83岁时参加由中国科学院、第三世界科学院和世界气象组织共同主办，中国气象局协办的在北京召开的"国际气候模拟和预报中的数学物理问题论坛（CTWF）"首次论坛会；84岁时应新疆气象局、新疆气象学会的邀请，到新疆讲学考察，并作报告《新疆气候的变化》；85岁时到兰州干旱研究所作学术报告，他还到新疆的塔克拉玛干沙漠乘着越野吉普车奔波1000多千米在沙漠里作考察。

2008年那场突如其来的雨雪冰冻给我国南方造成巨大损失，近90岁高龄的陶诗言仍然带着学生在研究。陶诗言对天气和气候现象的本质具有高度的概括力。陶诗言认为，天气预报发布应该统一起来，否则将对社会造成不良影响。冬季第一场雪和夏季第一场雨比较难报，但重要的是要引起预报员的警惕，领班要时刻关注并提醒预报员，同时社会各界也要理解预报员。2008年1月在中国气象局召开的冰雪灾害专家研讨会上，陶诗言以他多年的预报经验，对欧亚和东亚大气环流的异常概括为"冬行夏令"，非常形象地说明了这次冰冻雪灾发生的异常性和共同性，引起了广泛的关注。最后研究结果形成一本专著，陶诗言亲自撰写了论文并发表。

2008年北京举办奥运会，陶诗言急国家所急，发挥专家作用。以陶诗言为首的驻京有关气象科研院所专家们进行了"北京奥运会气象保障科技试验研究"项目可行性论证会。认为该项目十分必要和可行，建议要抓紧今后几年的时间，在组织和发挥首都和全国的气象科技人才及现代化设备的优势方面进行通力合作，其中主要在大气探测、气象预报、人工影响天气三大领域加快奥运气象保障科研步伐，提前做好各项准备。陶诗言密切关注天气变化，积极参与奥运天气会商。事后证明，陶诗言等专家的奥运天气会商对保障奥运会的成功召开起到了积极作用。

2009年秋冬季，北非、印度等地降水普遍偏少，气温偏高，这些地区发生了中度至重度干旱。我国西南大部地区降水偏少,特别是云贵地区降水量持续偏少5～8成,很多县市连续多日无雨。同时,气温偏高,干旱灾害影响严重。针对这些情况,陶诗言和许多老专家一起积极进行天气会商,形成《中科院专家关于我国西南地区干旱的成因分析及对未来天气形势的展望》的报告,为国家提供决策服务。

陶诗言虽然在家"赋闲",但是仍然心忧天下,积极为国家发挥余热。中国气象局经常找陶诗言参加重要天气会商,每年他都会到中国气象局4～5次,把关会商重要天气预报。

2005年,陶诗言出席在北京举行的2004年全国重大天气过程总结和预报技术经验交流会,并作了精彩的专题报告。2006年,参加在北京召开的第二届全国灾害性天气预报技术研讨会,并应邀作学术报告。还参加在北京举行的2006年汛期全国气候趋势预测会商会。在2010年中央气象台会商,陶诗言虽不能亲自到会,但特意让他的秘书卫捷代他在中央气象台会商上表达一个观点:"prepare for the worst,hope for the best"。他坚信做预报的时候,为了国家和人民,一定要考虑最坏的情况,做到有备无患。

2012年7月21—22日,北京发生特大暴雨,死亡

79人，造成较大经济损失，这对现代化的大都市来说是一个重大气象灾害。陶诗言立即提出建议，请相关专家认真分析并开展研究。这是他去世前四个月的建议，也是最后一次向学界晚辈布置学术任务。

陶诗言做了60年的气象预报，回顾往昔，他写了一首诗，用于对自己一生事业的评价：

> 预报天气六十载，
> 成功失败四六开，
> 盼望早日出贤能，
> 报准天气保家乡。

这首诗是中央气象台成立60周年座谈会的时候陶诗言写的，但是当时陶诗言并没有公布。直到后来老科学学术成长采集小组前去采访他时才提到这首诗。诗中，陶诗言谦虚地说自己失败多于成功，同时寄希望于后来人作出更大贡献。

陶诗言的晚年生活非常有规律，他一辈子不嗜烟酒，只喝白开水，连茶叶都不放。陶诗言从不挑剔，生活非常简单，几乎没有任何物质上的追求。陶诗言穿着很朴实，20块钱的纯棉衬衫有四五件，他还舍不得穿。

有时袜子破了，自己补一补再穿。陶诗言心态一直非常平和，宁静致远，与世无争，而且几乎所有家务事都是自己来，比如自己洗衣服、洗袜子。他的晚年生活"清如水，淡如菊"。

晚年陶诗言除了看专业书、做科研外，闲暇之余还阅读了很多"闲书"。陶诗言住在中关村科学院家属区，离海淀图书城不远，他经常去逛图书城，遇到喜欢的就买回家。他的阅读范围很广，古今中外的，包括小说、各种百科全书。陶诗言的阅读量也非常大，买的书特别多，搁在几个书架上。陶礼光回忆父亲读书的情景：晚上吃完饭，陶诗言很少看电视，他宁愿听收音机里贝多芬的曲子，如果那些都没有了，就听样板戏。陶诗言经常把收音机里播放的音乐作为背景音乐，声音开得比较小，然后专心致志地读书。音乐是陶诗言的业余爱好，他买了许多音乐家传记，还有整箱整箱的VCD，包括他钟爱的贝多芬交响乐，成套收藏。受其夫人张志伦女士的影响，陶诗言特别爱听古典音乐。

陶诗言的一生勤奋与其一直到晚年还保持着浓厚的好奇心和旺盛的求知欲有密切关系。

陶诗言在参加云南国际季风会议时，会后代表们去石林游玩，天气又热又晒，车上的人全都困得打盹，一路上只有他好奇地向导游问许多感兴趣的问题。下车后会议主办方特意安排一名随行医生跟着陶诗言游览，没想到陶诗言健步如飞，比医生还快，医生只好中途返回。陶诗言兴致勃勃地登上最高峰后说："我1992年来过这里，是陪着一位日本客人来的，因为当时客人感到身体有些不适没有登山，我就留在下面陪他，没想到十几年后的今天，我还会故地重游，了了上回心愿。"

陶诗言旺盛的求知欲与他健康的体魄有一定关系。陶诗言很喜欢运动，喜欢踢足球，年轻时还是学校足球代表队成员，代表学校参加过校级比赛。"小学时我就在家门口的体育场踢足球，中学时还是校队的右前锋。大学时来到重庆，没有足球场，当时觉得好遗憾。现在我早踢不动了，但是电视转播赛，像欧洲杯、世界杯，只要时间排得开，我一定一场不落。"陶诗言说。

陶诗言在大气物理研究所工作期间，一直走路上下班。他一边走，一边听音乐，从中关村的家到大气物理研究所有三站地，陶诗言早上走着去单位上班，中午走回家，下午再走着去单位，晚上再走回家。省下的车钱就给年幼的儿子买两个苹果。长期的锻炼使他有一个非常强壮的身体，90多岁了走路都不用拐棍。正因为陶诗言坚持不懈地锻炼身体，使他拥有了强壮的身体来支撑他的学术研究。

2012年12月17日，陶诗言安然离开人世。他的去世引起中国气象界的震动，社会各界发起了各种纪念活动。在中国科学院大气物理研究所的网页上，人们寄托了无限哀思。时值隆冬，来自社会各界上千人参加了陶诗言的追悼大会，向这位20世纪中国气象学的一代宗师做最后告别。

为弘扬和缅怀陶诗言的学术思想，中国气象学会2013年年会专门举办了纪念陶诗言学术思想的研讨会。为发扬陶诗言的创新和求实精神，2017年11月，成立了北京陶诗言气象发展基金会，激励后人沿着学术大师开创的道路继续前进。

本土成长的气象学一代宗师

陶诗言一生的学术成长表明，他是在中国本土成长起来的气象学一代宗师。他是体现中国大气科学本土特性的杰出和典型代表，有四个原因：第一，陶诗言接受了当代最先进的罗斯贝学派理论，并一直紧跟世界科学前沿，为世界范围内大气科学知识体系作出贡献。第二，陶诗言与中国当代大气科学知识体系共成长，尤其在天气学领域，几乎代表了一个时代。第三，陶诗言的大部分科学理论来源于中国本土气象实践和业务实际，又直接为预报实践服务。第四，陶诗言开创了中国大气科学的"实践学派"，为今后中国大气科学发展树立了一个科学范式。

陶诗言作为这个历史进程中的典型和杰出代表，他的客观成果和主观努力促进了中国当代大气科学的本土特性。作为中国气象学代表性人物之一，陶诗言的学术成长轨迹对于世界各国气象学者的成长和自主创新有很多启示。

实践中走出的大家

陶诗言认为搞科研必须具备三个素质，第一是从实践中发现问题的能力，第二是找寻到解决方法的能力，第三就是要有不怕失败、不怕困难的勇气。这三点中他最看重第一点。在60多年的科研生涯中,陶诗言一直在实践中开创和引领学科发展,从国家之所急出发,抓住一个又一个实践中的关键问题进行研究。

如果将陶诗言的科学成就做一个简要的回顾,可以发现,在新中国天气与气候学发展的各个时期,陶诗言的辛勤工作都是具有开创性和引导性的。尤其在我国气象学发展的历程中,陶诗言总是根据实际问题,独创性地提出见解,引领着学科不断向前发展。

陶诗言对实践中出现的问题的提炼和研究,从来就没有停止过。他敏锐的科研视角、卓越的洞察力和领悟力,常常让人赞叹。在学生眼里,他对科研的好奇心从未停止过。陶诗言在指导学生时,不对别人说你应该这样做,不该那样做,他常常会主动谈起某篇论文、某个作者、某个报告里特别具体的地方,使学生在看似不经意的交流中得到启发。陶诗言常对学生说,一个东西你去看它,要从自己的角度看出它的价值来。读书,不是为读而读。比如看文献,有的是思想方法新奇,有的是文笔优美;有时甚至通篇看完,你认为这个推论是不成立的,但或许里头有一句话特别精彩,有一幅图比较独特,这都是可取之处。无论它有什么样的不足,都不应该妨碍你去欣赏它并从中获取所需。读书还需要的另一种眼光就是找不足,要看它有没有做得不够的地方,你应该怎么去完善它;如果看出了不对,要敢于质疑。张小玲是陶诗言的1998级博士生,她说:"在先生带我的三年里,他对我说的最多的是这个四个字:为我所用。"陶诗言的学生兼秘书卫捷说:"除了在大方向上对学生的把握,他还纠正小的偏差。当先生将我看过的原版文献返给我时,我惊讶地发现,上面用笔密密麻麻地做满了记号。有一次,他很认真地对我说,你前天问我的一篇论文,我回家又想了一下,觉得还是换个词更好些。刚读陶先生的博士生时,听到有人问'先生的事务这么多,有精力管你们吗?再说了,先生年龄这么大了,还能教出多少新东西呢?'然而三年时间过去,我从先生那里得到的太多了。他一直在跟踪国际前沿课题,从来就没有停止过。"

陶诗言始终坚持不唯书、不唯洋、只唯实的学风。他高度重视观测资料分析,该得什么结论就下什么结论。陶诗言根据中国的实际情况,提出了我国几种主要降水概念模型。他指出,在中国气旋降水模型中存在着的三支气流,其气流的来源、位置及其对降水的作用与国外的模型有很大不同。这些研究成果对我国降水预报的改进有重大理论意义和实际意义。他坚持了大气物理研究所几十年进行汛期天气会商的传统，关注并参与中国气象局每年汛期气候预测和暴雨、高温酷暑等高影响性天气分析和预报。陶诗言要求研究组要在预报中凝练科学问题，在预报中检验科研成果。正是因为他始终坚持理论与实践相结合，实践出真知，他的研究工作才经得起历史和时间的考验。

对自己的成功，陶诗言觉得最重要的一点就是通过实践做总结。作为预报员，他每一次预报后自己都要做总结。陶诗言年轻时几乎跑遍了全国所有省份，他的成功经验就是不断总结预报成功或失败的经验教训，然后把这些经验教训写成文章。

李麦村和徐国昌都是陶诗言的学生，他们认为陶诗言有一种非常高超的从实践中去粗取精、去伪存真的科学研究本领。陶诗言可以在一大堆的天气图当中选出一张天气图来代表最重要、最本质的天气气候特征。天气气候学的文章是比较难写的，弄不好就会变成流水账，抓不住要领。陶诗言的天气气候学文章堪称典范，之所以如此，就是因为陶诗言有深厚的理论基础和丰富的实践经验。

与学科和国家需求共发展

陶诗言没有在国外留学的经历,最多是在美国访学几个月,却取得了公认的杰出成果。从大气科学历史来看,陶诗言取得的巨大成就和大气科学自身发展有着必然联系。用陶诗言自己的话说,就是他所做的每一次新研究都是从他一次次接受国家的重大新任务来的。陶诗言一生的贡献很多,但他自己一直强调得益于机遇。从中华人民共和国成立初期进入"联心"工作,就是抓住国家需要做好全国天气预报的机遇,这种机遇对陶诗言的成长无疑是至关重要的。"围绕国家需求",陶诗言用自己一生践行着这个原则。

20世纪50年代初,国内气象资料奇缺,基础薄弱,很难作出正确的天气预报。中国的天气又有自己的特点,国外的一些预报方法难以照搬使用,必须走中国自己的路,做开创性的工作。陶诗言等学习国外的新成果,创造出适合我国实际的天气预报方法和具有中国特色的研究成果,丰富了我国的天气学理论。

20世纪50年代中期,中央气象台加强了台风联防,霜冻区域性预报,冰雹、寒潮大风等灾害性天气预报。陶诗言在实践中建立和总结了各种天气预报方法,陆续发布了寒潮、台风、暴雨、霜冻、中期降水等预报,填补了中国天气预报史上的空白。在这期间，陶诗言为全国气象预报保障作出了具有历史意义的贡献，并积累了大量关于中国和东亚地区天气分析和预报方法的宝贵经验。陶诗言当年在"联心"的工作从客观上讲就是抓住了国家的需求，在解决实际问题中提升了自己的学术水平和境界。

20世纪60年代，我国开展了原子弹、导弹的国防尖端科学技术攻关和试验，"两弹"的发射要求发射点和爆发点都有很好的气象保障，组织上把气象保障任务交给了陶诗言。他抓住国家需求，为我国"两弹"试验提供了准确的气象保障。60年代末期，陶诗言响应国家重大需求率先开展了卫星气象资料的分析与应用研究，总结出一套卫星云图应用方法推广到全国，有力地推动了我国卫星气象学的发展。1975年8月中国河南发生了一次台风暴雨，经济损失严重。国家下达任务要研究这类暴雨，陶诗言当时正研究卫星气象学，而且很有成效，但是为满足国家需求，他接受这个任务去研究暴雨，从这个时候又开始转了个方向，抓住国家需求，开始研究暴雨。

20世纪80年代，陶诗言牵头在中国科学院大气物理研究所和中国气象局联合开展季风研究，使我国在季风研究方面跨进世界先进行列。90年代中期，陶诗言将研究重点放在灾害天气和气候机理与预测研究方面。从1998年长江大水、2007年淮河洪涝、2006年川渝酷暑，到2008年年初的雨雪冰冻等，他都带领研究组进行了研究。

陶诗言60多年始终如一从国家发展大局出发，围绕国家需求开展科研工作，从我国气象业务应用的实际出发，注意研究与我国重大气象灾害有关联的主要科学问题，取得了一个又一个突出的成就，丰富了当代中国气象学的研究领域。

优良的个性品质

陶诗言取得巨大成就，除了外在的因素，还有他本人内在的个性品质。

陶诗言一生淡泊名利，默默奉献，品德高尚，为人极其低调。在1980年完成《中国之暴雨》后的十余年没有报奖，他说还要继续研究。在申报国家奖的时候，陶诗言坚决不同意，因为当时谢义炳也在做暴雨研究，他们也在报奖，因此陶诗言说我们就不要报了。最后经研究所、研究室和同事再三催促，他才勉强同意申报。结果该项研究获得1992年中国科学院自然科学奖一等奖。中国有三个主要的既有联系又有区别的暴雨区，陶诗言和谢义斌的暴雨研究的重点区域有所差别，因此陶诗言的《中国之暴雨》评奖应该不会影响其他地区的暴雨研究的获奖，但是之所以坚持不报奖，也许是因为陶诗言不愿"压住别人的风头"。

20世纪80年代，陶诗言致力于季风和暴雨研究计划的实施，曾担任中国气象局主持的"东亚季风及其旱涝预报"重点项目顾问，并成为这一项目的主要参加人之一，积极推动了长达十年的中美季风合作，取得了突出的成果。当这个项目获得国家自然科学奖时，他坚决退出，将荣誉让给其他年轻的同志。陶诗言写完有关中国南方流域性致洪暴雨等论文，有人希望他投国外SCI刊物，肯定可以发表而且可以得到一些名利，但他投给了发行量最大、读者最多的中文刊物，因为陶诗言更希望自己的论文为更多的中国同行服务。

陶诗言为人非常低调，一心只想做科研，对于名誉等都看得不重要。1956年，陶诗言被评上全国劳动模范，他的儿子陶礼光一直都不知道这件事，他也并未提起过，要不是他儿子看到他的全国先进劳模证书，恐怕他还不会提起。当别人问起他一生得到了这么多荣誉和奖励，是怎么看的？陶诗言说："我并不是觉得我很好，我自己的能耐到底有多大我自己有数。"

陶诗言在国际大气科学界享有崇高的声望，然而其宁静平和却远出世人所料。作为大气科学领域的权威和资深院士，他一生从不为盛名所累。陶诗言的低调除了在荣誉上，也不关心自己到底有多少著作、多少论文，甚至很少提到自己的文章。他会很直接地对学生说："关于这方面的研究，我认为某某做得比我好。"

陶诗言从不摆架子，当记者去采访陶诗言时，90岁高龄的他竟然站在门口等着大家，然后一手一个拉着进屋。参与《大家》栏目拍摄时，陶诗言带着助手打车到摄影棚，然后打车回去，不愿意让单位派车接送。陶诗言说要为司机着想，不愿麻烦别人。

陶诗言特别不爱抛头露面，很少接受记者采访。比如陶诗言关于1998年大洪水和2001年大旱的预报后，引起各方关注，社会反响较大，中央各媒体的记者准备采访陶诗言，都被其婉言谢绝。

1978年，陶诗言任中国科学院大气物理研究所副所长，随后担任代理所长，在他的领导下所里的规模不断扩大。但是在陶诗言心中，他是个无为而治的副所长，他始终不忘自己的研究，一心扑在科研上，把他的研究工作放在第一位，一直没有被行政事务所干扰。

陶诗言对名利很淡薄，而且不张扬，从1978年2月起，陶诗言被选为中国人民政治协商会议第五届全国委员会委员，1983年6月继任中国人民政治协商会议第六届全国委员会委员，其后又为第七届委员。担任全国政协委员期间，陶诗言从不张扬。在担任气象学会理事长和中国科学院大气物理研究所所长期间，陶诗言总是谦虚地说自己行政上举动不多，主要是自己研究，基本上是无为而治。

陶诗言对学术非常专注。在吸收西方先进的大气理论的时候，必须驾驭外语。陶诗言可以用英语、德语、俄语、日语做科研。他的英语基础非常扎实，大学他学了两年德语，全部都是自己看字典学的。俄语也是他自己学的，还翻译了好几本俄语书。他看日语，凭字典就可以解决问题。退休之后，陶诗言经常坐车到图书馆，查阅外文文献，看到好的文献就专门复印下来。陶诗言在图书馆博览群书，阅读了许多英语、俄语的原版书籍。最后连图书管理员都成了他的好朋友。90岁高龄时，不能亲自坐车去图书馆，他就让秘书把国外气象杂志的目录打印给他看，发现有需要的文章，就请秘书复印后送给他阅读。陶诗言的书架上有很多英文词典和语法书，每隔一段时间他就看看，他说学习外语要勤奋。

深厚的外语基础为陶诗言获取国际前沿知识带来了极大的帮助。

作为中国本土成长的气象学一代宗师，陶诗言对很多问题有着真知灼见，这对理解中国大气科学的本土特性和其本人的学术成就有很好的启示，就是对今天的气象业务发展也有一定的借鉴作用。